ÍNDICE

W9-BUR-331

sociología
y
política

LITERATURA Y SOCIEDAD
EN AMÉRICA LATINA

por

FRANÇOISE PERUS

siglo
veintiuno
editores

MÉXICO
ESPAÑA
ARGENTINA
COLOMBIA

siglo veintiuno editores, sa
CERRO DEL AGUA 248, MEXICO 20, D.F.

siglo veintiuno de españa editores, sa
C/PLAZA 5, MADRID 33, ESPAÑA

siglo veintiuno argentina editores, sa

siglo veintiuno de colombia, ltda
AV. 3a. 17-73 PRIMER PISO. BOGOTA, D.E. COLOMBIA

edición al cuidado de alejandra gómez lara
portada de richard harte

primera edición, 1976
segunda edición, 1978
© siglo xxi editores, s. a.
ISBN 968-23-0303-6

la presente obra se publica por acuerdo especial
con el instituto de investigaciones sociales de la
universidad nacional autónoma de méxico

INTRODUCCIÓN

Cuestionado de manera implacable por los intelectuales latinoamericanos de los años 30, reivindicado con no menos fervor por sus congéneres de la década de los 60 —con argumentos que a menudo parecen más motivados por el afán de justificar ciertas prácticas actuales que por el de explicar el fenómeno presuntamente analizado—, el caso del modernismo visto por la "crítica" basta para poner de relieve cómo la valoración de las obras literarias dista mucho de ser, salvo en el ámbito de la mitología de que se autoalimenta, una labor encaminada al simple "descubrimiento" de las excelencias supuestamente "intrínsecas" de una obra o conjunto de obras. Y es que, si bien es innegable que la historia de la literatura recoge, en cierto nivel y dentro de determinados límites, los momentos "formalmente" más logrados de la producción literaria de una sociedad (esto es, los que han conseguido conferir la forma artística más adecuada a determinada perspectiva social), no por eso es menos cierto que con ello no se hace más que fijar las fronteras, por lo demás fluctuantes, de un campo en el que necesariamente se instalará *la crítica*, que no es otra cosa que la prolongación de la lucha de clases en torno a la literatura.

Ahora bien, esa crítica no puede basarse, al menos desde mi punto de vista, en criterios puramente subjetivos. Para ser válida y eficaz tiene que partir de un conocimiento científico, es decir, de una explicación de los mecanismos sociales de producción y reproducción de las prácticas literarias, en el marco de las formaciones sociales concretas que estructuralmente las determinan. El presente estudio sobre el modernismo y su representante más típico, Rubén Darío, apunta por eso a un conocimiento de este orden.

Queda entonces claro que mi investigación no se inscribe dentro de la crítica literaria de corte tradicional: busca más bien romper con ella para fundar *una perspectiva sociológica de análisis,* la cual, al proponerse como objeto el conocimiento sistemático de los mecanismos estructurales que determinaron la orientación y el contenido fundamental de las prácticas literarias modernistas y las convirtieron en corriente hegemónica, descarta necesariamente toda interrogación sobre una serie de problemas o pseudoproblemas. Concretamente, aquí no me propongo indagar el "valor" de determinada corriente ni descubrir los fundamentos "intrínsecos" de la "perennidad" de ciertas obras. Por un lado, me parece más o menos evidente que "la posteridad" recupera aquellas obras que mejor han logrado plasmar las posibilidades que cada fase histórica ofrece a la producción literaria; creo, por lo tanto, que cualquier reflexión en abstracto sobre los criterios de "valoración" de la literatura no pasa de ser una perpetua tautología, mientras no se comience por establecer con precisión en qué consistieron esas posibilidades *históricamente determinadas* y de qué modo las plasmaron los literatos. De otra parte, cada vez me convenzo más de que lo que denominamos "valoración" de la literatura nos remite, más allá de ciertas proposiciones formalistas que en sí mismas constituyen un producto social, a un complejo proceso histórico del que por supuesto no está ausente la lucha ideológica.

Enmarcado en la perspectiva señalada, este trabajo aspira a contribuir a la tarea fundamental que desde hace algunos años viene planteándose, aunque de manera difusa, en varias publicaciones del continente: la de llevar adelante, sobre bases teóricas sólidas, una interpretación materialista de la moderna producción literaria latinoamericana.

No me escapa la amplitud de la labor por realizar, la que desde luego no puede consistir en una nueva "historia" de aquella producción, en el sentido común y corriente de un recuento cronológico, más o menos amplio, de autores y obras. Considero que tal interpretación tiene que partir de la explicación histórico-social de las tendencias literarias predominantes en la América Latina moderna y contemporánea, las que a mi juicio se condensan en tres expresiones fundamentales: el modernismo, la "novela social" del período 1910-1950, y la "nueva narrativa" surgida alrededor de los años 60. Selección que no es teóricamente arbitraria, en la medida en que no se trata de casos individuales o de excepción, sino de corrientes que constituyen verdaderos *hitos* en torno a los cuales se articula y adquiere sentido el proceso global de la literatura hispanoamericana. Además —y en esto quisiera insistir con especial énfasis—, estas manifestaciones o "corrientes" corresponden a momentos bien delimitados y altamente representativos del devenir histórico del continente: implantación del modo de producción capitalista en una América Latina inserta en el nuevo esquema capitalista-imperialista mundial, en el caso del modernismo; crisis de la vía "oligárquica" local del desarrollo del capitalismo, con irrupción de los sectores populares y las capas medias en la escena política; en el caso de la "novela social" del período 1910-1950; viraje crucial de las formaciones sociales latinoamericanas hacia un proceso de industrialización y acentuada urbanización, con modalidades cada vez más complejas y conflictivas de articulación con el imperialismo, en el caso de la "nueva narrativa" de los años 60.

Lo que deberá poner de relieve la investigación concreta es cómo cada una de estas fases del desarrollo del capitalismo en América Latina trae consigo una reubicación estructural de los grupos productores de literatura, con la consiguiente redefinición del estatuto social del escritor, y un cambio no menos importante en la función de la literatura y en la representación específica de la sociedad que ella ofrece.

Una vez establecidas estas "coordenadas" principales del proceso de desarrollo de la producción literaria del continente, se podrá destacar mejor el significado de ciertos casos de "excepción", así como el sentido histórico de las corrientes subalternas o "marginales".

Quiero agradecer al Instituto de Investigaciones Sociales de la Universidad Nacional Autónoma de México, y en particular a su director Raúl Benítez Zenteno, por haber tenido a bien acoger este proyecto y por las condiciones de trabajo que me han sido brindadas. Sin este apoyo decidido, no me hubiera sido posible concebir tal proyecto, y menos aún llevarlo adelante.

Quiero asimismo agradecer a Agustín Cueva, quien me alentó y guió en la presente investigación, y revisó su redacción final; también a los amigos y colegas, José Luis Balcárcel, Roger Bartra, Jaime Labastida, Julio Labastida y René Zavaleta, por su atenta lectura del manuscrito y las valiosísimas aportaciones que le hicieron.

México, D. F., diciembre de 1975.

1

ESTRUCTURA SOCIAL Y PRODUCCIÓN INTELECTUAL

El primer problema al que se ve enfrentada toda sociología de la cultura —de la cual la sociología de la literatura no es más que una rama específica— consiste en definir el estatuto teórico de la producción intelectual. A fin de resolver adecuadamente esta cuestión, aquí partiré de la tesis central del materialismo histórico y dialéctico según la cual la *cultura* de una sociedad —esto es, el conjunto de ideas, imágenes y representaciones así como las obras en que éstas se plasman y expresan— está íntimamente vinculada al proceso de producción y reproducción de la vida material de los hombres, del que depende en última instancia.

En esta perspectiva, las esferas de que se compone la cultura de una sociedad no pueden ser consideradas como entidades dotadas de una sustantividad propia; antes bien, es necesario recalcar con el mismo énfasis con que lo hizo Marx, que *en rigor* esas esferas carecen de una historia (propia), puesto que "su" historia, entendida como la lógica que rige en última instancia su funcionamiento y desarrollo, se encuentra fuera de ellas mismas:

La moral, la religión, la metafísica, y todo el resto de la ideología, juntamente con las formas de conciencia correspondientes, pierden con este hecho cualquier apariencia de existencia autónoma. No tienen historia ni desarrollo propio; son los hombres los que desarrollando su producción material y sus relaciones materiales modifican, junto con su existencia real, el pensamiento y los productos del pensamiento.[1]

Son pues los hombres los que, al producir las condiciones de su existencia material, trasforman también su pensamiento y su producción intelectual; sin embargo, no cabe olvidar que esta práctica histórica se realiza siempre "con arreglo a premisas y condiciones muy concretas".[2] Hay que tener cuidado, por lo mismo, de no considerar a la producción material (y por ende a la producción intelectual ligada a ella) como una categoría general; esto es, como una práctica "libre" de toda determinación estructural:

Cuando se trata de examinar la conexión entre la producción intelectual y la producción material —advierte Marx— hay que tener cuidado, ante todo, de no concebir ésta como una categoría general, sino bajo una forma histórica determinada y concreta. Así, por ejemplo, la producción intelectual que corresponde al modo de producción capitalista es distinta de la que corresponde al modo de producción medieval. Si no enfocamos la producción material bajo una forma histórica específica, jamás podremos alcanzar a distinguir lo que hay de preciso en la producción intelectual correspondiente y en la correlación entre ambas.[3]

[1] C. Marx y F. Engels, *La ideología alemana*, Ed. Fondo de Cultura Popular, México, 1972, pp. 31-32.

[2] Carta de Engels a Joseph Bloch, 21-IX-1890, en C. Marx y F. Engels, *Obras escogidas* en un volumen, Ed. Progreso, Moscú, 1969, p. 734.

[3] C. Marx, *Historia crítica de la teoría de la plusvalía*. Citado en Marx-Engels, *Sobre arte y literatura*, Ed. Ciencia Nueva, Madrid, 1968, p. 117. Hemos remplazado en dos ocasiones la expresión "tipo de producción" por "modo de producción" que

Para Marx no existe, pues, una producción intelectual a secas, sino formas de producción intelectual *correspondientes* a la índole de sendos modos de producción material (modo de producción capitalista, modo de producción feudal, etc.). *A fortiori,* tampoco existen funciones intelectuales "eternas" ni profesiones o castas de derecho "natural", como el mismo autor lo señala al polemizar con Storch:

Finalmente, Storch incluye en la producción intelectual, a todas las profesiones especiales de la clase dominante. Pues bien, la existencia de estas castas y sus funciones respectivas sólo pueden explicarse partiendo de la concatenación histórica determinada y concreta de sus condiciones de producción.[4]

Es decir, que a cada modo de producción material corresponde no solamente determinado tipo de producción intelectual, sino también tipos específicos de intelectuales, con funciones asimismo específicas. Observación con la cual se precisa aún más la tesis marxista que venimos examinando, la que ahora podría formularse en los siguientes términos: *la producción intelectual es una práctica regulada, que se realiza siempre en el marco de una estructura definida y definible, que constituye justamente su determinación.*

Esta estructura fundamental, a la que Marx y Engels denominan "base material" o "infraestructura económica" de la sociedad, consiste en la articulación de dos elementos: las *fuerzas productivas* ("relación

nos parece ceñirse mejor al término *Produktionsweise* utilizado por Marx en el original.

[4] *Ibid.* Hemos sustituido "clase dirigente" por clase "dominante" remitiéndonos una vez más al texto original en el que Marx escribe: *der herrschenden Klasse.* Cf. Karl Marx - Friedrich Engels, *Werke,* Band 26, Erster Teil, Dietz Verlag, Berlín, 1971, p. 257.

determinada entre el hombre y la naturaleza") y las *relaciones sociales de producción,* o sea, las relaciones que los hombres establecen entre sí en el proceso mismo de la producción. De modo que, así definido, lo *económico* o *material* no designa una relación entre cosas, ni *la* relación del hombre con las cosas, sino una relación de carácter social estructuralmente organizada a partir de la producción material y en función de ella:

En la producción social de su vida, los hombres contraen determinadas relaciones necesarias e independientes de su voluntad, relaciones de producción, que corresponden a una determinada fase de desarrollo de sus fuerzas productivas materiales. El conjunto de estas relaciones de producción forma la estructura económica de la sociedad, la base real sobre la que se levanta la superestructura jurídica y política y a la que corresponden determinadas formas de conciencia social. El modo de producción de la vida material condiciona el proceso de la vida social, política y espiritual en general. No es la conciencia del hombre la que determina su ser, sino, por el contrario, el ser social es lo que determina su conciencia.[5]

Afirmar que la producción intelectual *depende* del modo de producción de la vida material significa pues reconocer no solamente que dicha producción está determinada por el grado de desarrollo de las fuerzas productivas materiales, sino también —y tal vez esto sea lo más importante— por la índole de las relaciones sociales de producción. En efecto, la propia definición de los niveles jurídico-político e ideológico-cultural como *superestructuras* sólo puede formularse de manera inequívoca teniendo en cuenta dichas relaciones; es decir, conceptualizando a estos niveles

[5] C. Marx, *Prólogo de la Contribución a la crítica de la Economía Política,* en *Obras escogidas,* ed. cit., p. 187.

como *instancias cuya función fundamental consiste en asegurar la reproducción de determinadas relaciones sociales de producción.*[6]

En una sociedad dividida en clases, esta función se cumple mediante el predominio de las ideas de la clase "materialmente" dominante y es en esa forma como se expresa la determinación de la superestructura por la base:

Las ideas de la clase dominante son en cada época las ideas dominantes, es decir, la clase que ejerce el poder *material* dominante en la sociedad resulta al mismo tiempo la fuerza *espiritual* dominante. La clase que controla los medios de producción material controla también los medios de producción intelectual, de tal manera, que en general las ideas de los que no disponen de los medios de producción intelectual son sometidas a las ideas de la clase dominante.[7]

Lo cual no significa que las únicas ideas existentes en una sociedad de clases sean las de la clase dominante, ni que ésta reine en el terreno ideológico-cultural sin contrapeso alguno. Quien dice sociedad de clases, dice necesariamente sociedad preñada de contradicciones, las que mal pueden dejar de reflejarse en todos los órdenes, incluido el de la cultura. Por eso, *la cultura de una sociedad clasista es siempre una unidad contradictoria, en la que al mismo tiempo que se refleja el índice de predominio ideológico de la clase materialmente dominante, se refleja también el nivel alcanzado por la lucha de las demás clases.* A esta complejidad dialéctica de toda forma-

[6] Cf. Louis Althuser, "Idéologie et appareils idéologiques d'Etat (Notes pour une recherche)", en rev. *La pensée*, núm. 151, junio de 1970.

[7] C. Marx y F. Engels, *La ideología alemana,* ed. cit., p. 72.

ción cultural se refiere precisamente Lenin cuando escribe:

En *cada* cultura nacional existen, aunque no estén desarrollados, *elementos* de cultura democrática y socialista, pues en *cada* nación hay una masa trabajadora y explotada, cuyas condiciones de vida engendran inevitablemente una ideología democrática y socialista. Pero en *cada* nación existe asimismo una cultura burguesa (y, además, en la mayoría de los casos, ultrarreaccionaria y clerical), y no simplemente en forma de "elementos", sino como cultura dominante.[8]

Texto importante, en el que Lenin no se limita a señalar la presencia de las clases subalternas en la superestructura ideológico-cultural, sino que también define teóricamente la forma de tal presencia. Así tenemos que, mientras las masas trabajadoras y explotadas se manifiestan en el terreno cultural engendrando *elementos* democráticos y socialistas, la burguesía y los terratenientes reflejan su predominio de clase no únicamente a través de "elementos", sino mediante la constitución de toda una cultura dominante, es decir, gracias a la hegemonía de un sistema de pautas y valores que articula, jerarquiza y confiere un sentido (de clase) al conjunto de ideas, imágenes y representaciones sociales.

Sin embargo, la misma constitución de esa cultura dominante es una cuestión problemática, puesto que en ella no dejan de reflejarse tanto la complejidad de la estructura en su conjunto como los conflictos que de ello surgen.

Para empezar —y sobre todo en momentos de tran-

[8] Lenin, "Notas críticas sobre la cuestión nacional", en *La cultura y la revolución cultural*, Ed. Progreso, Moscú, 1971, p. 38.

sición— pueden ocurrir *desfasamientos* notorios entre el grado de predominio de una clase en el nivel económico y el grado de su hegemonía en el plano ideológico. Predominante ya en el primer terreno, la burguesía, por ejemplo, puede permanecer por algún tiempo rezagada con respecto a la aristocracia terrateniente en el segundo campo.

O bien, pueden producirse *fusiones* de elementos ideológico-culturales teóricamente pertenecientes a clases distintas —siempre que éstas no sean antagónicas— como ocurre, por ejemplo, en aquellas situaciones en que el capitalismo no se implanta por la vía revolucionaria, sino "desde arriba", como parece ser el caso de América Latina. Por eso encontramos en este continente toda una franja de cultura "oligárquica", donde han coexistido durante mucho tiempo elementos de origen "señorial" junto a elementos ya propiamente burgueses.

En fin, hay *fisuras* que se producen a nivel de toda la cultura en los momentos de transición, cuando la irrupción o extensión acelerada de un nuevo modo de producción trastorna todas las formas tradicionales de vida, abriendo con ello la posibilidad de que desde la perspectiva general de éstas se generen *puntos de vista críticos* sobre las nuevas condiciones de existencia social (fenómeno que parece adquirir especial relevancia tratándose de la literatura, como lo demuestra la propia obra de Cervantes, el caso de Tolstoi o la producción de los mismos modernistas latinoamericanos).

Para no hablar, claro está, de la inevitable complejidad que introduce en el seno de la propia cultura dominante la existencia de capas especializadas de intelectuales que *tienden* constantemente a acentuar su relativa autonomía —punto que desarrollaremos más adelante.

En todo caso, lo importante es tener en cuenta que la determinación de la superestructura ideológico-cultural por la base económica jamás se ejerce de manera mecánica ni inmediata, sino a través de un complejo sistema de acciones y reacciones. Es lo que busca precisar Engels en este conocido pasaje de una carta a W. Borgius:

El desarrollo político, jurídico, filosófico, religioso, literario, artístico, etc., descansa en el desarrollo económico. Pero todos ellos repercuten también los unos sobre los otros y sobre su base económica. No es que la situación económica sea la *causa, lo único activo*, y todo lo demás efectos puramente pasivos. Hay un juego de acciones y reacciones, sobre la base de la necesidad económica, que se impone siempre, *en última instancia*.[9]

La determinación de la producción intelectual por la base material debe ser entendida, entonces, como una relación de naturaleza *dialéctica,* en la que lo económico desempeña el papel de determinación en última instancia, pero siempre a través de una concatenación compleja, que incluso se manifiesta en el interior de la superestructura, mediante un intrincado sistema de "repercusiones" y "reflejos" de las distintas esferas entre sí:

Para mí —escribe Engels—, la supremacía final del desarrollo económico, incluso sobre estos campos (se refiere a la filosofía y la literatura, F. P.), es incuestionable, pero se opera dentro de las condiciones impuestas por el campo concreto: en la filosofía, por ejemplo, por la acción de influencias económicas (que a su vez, en la mayoría de los ca-

[9] Carta de Engels a W. Borgius, 25-I-1894, en C. Marx y F. Engels, *Obras escogidas,* ed. cit., p. 747.

sos, sólo operan bajo su disfraz político, etc.) , sobre el material filosófico existente, suministrado por los predecesores. Aquí, la economía no crea nada *a novo*, pero determina el modo cómo se modifica y desarrolla el material de ideas preexistente, y aun esto casi siempre de un modo indirecto, ya que son los reflejos políticos, jurídicos, morales, los que en mayor grado ejercen una influencia directa sobre la filosofía.[10]

Cuestión de suma importancia, sobre todo en el caso de la literatura, donde la influencia de otras esferas superestructurales deviene crucial, sea porque su "repercusión" impulsa la producción de una literatura abiertamente filosófica, religiosa, política, moral, "social", etc., o bien porque este tipo de "contagios" e "impurezas" es rechazado, lo cual también es una manera de definir a la literatura en relación con otras regiones de la superestructura.

Además, es necesario tener presente que el grado de determinación inmediata de la superestructura por la base económica varía en función de la mayor o menor "cercanía" práctica de cada campo o esfera superestructural con respecto a la base. Engels habla, por eso, de ciertas "esferas ideológicas que flotan aún más alto en el aire: la religión, la filosofía, etc."[11] y advierte que:

Cuanto más alejado esté de lo económico el campo concreto que investigamos y más se acerque a lo ideológico puramente abstracto, más casualidades advertiremos en su desarrollo, más zigzagueos presentará su curva. Pero si traza usted el eje medio de la curva, verá que, cuanto más largo sea el período en cuestión y más extenso el campo

[10] Carta de Engels a Konrad Schmidt, 27-X-1899, en *op. cit.*, p. 741.
[11] F. Engels, *ibid.*, p. 740.

que se estudia, más paralelamente discurre este eje al eje del desarrollo económico.[12]

Pasaje importante no sólo en el terreno teórico sino también en el campo metodológico, ya que sirve de guía para la determinación de las unidades mínimas de análisis con las que deberá trabajar el sociólogo de la literatura y de la cultura en general. Un cuadro, un poema o un objeto cultural cualquiera, tomados aisladamente, poseen por lo general una dosis muy grande de "individualidad" como para que por sí solos reflejen las determinaciones de la base en toda su plenitud; no son por lo tanto las unidades más pertinentes de análisis, que deben ser ubicadas a nivel de las grandes tendencias y movimientos culturales y en sus expresiones más significativas, cuyo "eje" se acercará naturalmente más al "eje del desarrollo económico de la sociedad".

En fin, no debe olvidarse que la producción intelectual no se genera directamente a partir de la base material, sino que opera siempre sobre un campo cultural preexistente y que se percibe a sí mismo como autónomo:

Toda ideología, una vez que surge, se desarrolla en conexión con el material de ideas dado, desarrollándolo y transformándolo a su vez; de otro modo no sería una ideología, es decir, una labor sobre ideas concebidas como entidades con propia sustantividad, con un desarrollo independiente y sometidas tan sólo a sus leyes propias.[13]

La convicción de que la producción intelectual posee una sustantividad propia y de que por lo tanto

---

[12] Carta de Engels a W. Borgius, *op. cit.*, p. 748.
[13] F. Engels, *Ludwig Feuerbach y el fin de la filosofía clásica alemana*, en C. Marx y F. Engels, *Obras escogidas*, ed. cit., p. 665.

no está regida por más leyes que las de su propio campo es, desde luego, una ilusión derivada de la división entre trabajo material y trabajo intelectual: sólo a partir del momento en que esta división se produce "la conciencia *puede* verdaderamente imaginarse que es otra cosa más que la conciencia de la práctica existente, que está representando *realmente* algo sin representar nada real".[14]

Esto no obstante, hay dos hechos que la sociología de la cultura no puede ignorar: primero, que cada esfera cultural posee una *autonomía relativa* derivada de su *especificidad* (irreductibilidad de una esfera a otra); y segundo, que la misma ilusión de una autonomía absoluta (de una "sustantividad propia" en términos de Engels) contribuye a acentuar la autonomía relativa que acabamos de definir.

Sobre el papel que los intelectuales desempeñan en este proceso, Gramsci nos ha dejado una precisa reflexión:

Estas diversas categorías de intelectuales tradicionales sienten con "espíritu de cuerpo" su ininterrumpida continuidad histórica y su "calificación" y por esto se creen autónomas e independientes del grupo social dominante. Esta autorrepresentación no deja de tener consecuencias en el ámbito ideológico y político, consecuencias de vasto alcance: toda la filosofía idealista se puede relacionar fácilmente con la posición asumida por el complejo social de los intelectuales y puede definirse como la expresión de la utopía social en cuya virtud los intelectuales se creen "independientes", autónomos, investidos de características propias y exclusivas, etc.[15]

[14] C. Marx y F. Engels, *La ideología alemana*, ed. cit., p. 41.
[15] Antonio Gramsci: "Los intelectuales y la organización de la cultura", en *Cultura y literatura*, Ed. Península, Madrid, 1967, p. 30.

Sin embargo —y pese a todas estas "utopías sociales"— no se puede entender la forma *real* de integración de los intelectuales a la sociedad como no sea a partir del análisis de las relaciones sociales básicas de producción, donde, como lo asegura Marx, reside el "secreto más recóndito" de toda la construcción social:

La forma económica específica en que se arranca al productor directo el trabajo sobrante no retribuido determina la relación de señorío y servidumbre tal como brota directamente de la producción y repercute, a su vez, de un modo determinante sobre ella. Y esto sirve luego de base a toda la estructura de la comunidad económica, derivada a su vez de las relaciones de producción y con ello, al mismo tiempo, su forma política específica. La relación directa existente entre los propietarios de las condiciones de producción y los productores directos —relación cuya forma corresponde siempre de un modo natural a una determinada fase de desarrollo del tipo de trabajo y, por tanto, a su capacidad productiva social— es la que nos revela el secreto más recóndito, la base oculta de toda la construcción social y también, por consiguiente, de la forma política de soberanía y dependencia, en una palabra, de cada forma específica de Estado. Lo cual no impide que la misma base económica —la misma, en cuanto a sus condiciones fundamentales— pueda mostrar en su modo de manifestarse infinitas variaciones y gradaciones debidas a distintas e innumerables circunstancias empíricas, condiciones naturales, factores étnicos, influencias históricas que actúan desde el exterior, etc., variaciones y gradaciones que sólo pueden comprenderse mediante el análisis de estas circunstancias empíricamente dadas.[16]

Aunque Marx no habla aquí, de manera explícita, de los intelectuales y la producción intelectual, este texto me parece tener una enorme pertinencia en la

[16] Carlos Marx, *El capital,* vol. III, Ed. Fondo de Cultura Económica, México, 1972, p. 733.

medida en que, a mi juicio, la relación existente entre los propietarios de las condiciones de producción y los productores directos no revela únicamente el secreto de la forma estatal de "soberanía y dependencia", mas también el secreto de la forma de "integración" de los intelectuales en la sociedad, así como de su rango y su función. Es indudable que éstos no se ubican de la misma manera en una sociedad donde predominan los vínculos de servidumbre y vasallaje a nivel de la producción material, que allí donde las relaciones de mercado (de la fuerza de trabajo) se han convertido en la forma económica dominante; como es claro, también, que el tránsito de una forma de incorporación a otra constituye para los intelectuales una fase extremadamente conflictiva, tal como lo comprobaremos al examinar el caso de los modernistas latinoamericanos.

Lo cual no significa que exista una identidad absoluta entre la relación que por un lado mantienen los intelectuales con la sociedad en su conjunto o con la clase dominante en particular, y la que por su parte mantienen entre sí las clases fundamentales de cada formación social. En una sociedad feudal, por ejemplo, es cierto que la vinculación de los intelectuales con la clase dominante por medio de instituciones como la del "mecenazgo" o similares no deja de reflejar la presencia de un modelo generalizado de relaciones de señorío y vasallaje, cuyo secreto más recóndito se halla sin duda en el lugar señalado por Marx. Pero, así y todo, la situación del intelectual no puede ser asimilada a la del siervo, aunque sólo fuese en razón de las notables diferencias de sus funciones y rangos.

Una reflexión similar podría formularse con respecto a lo que ocurre en las sociedades capitalistas.

Aun convertido el trabajo intelectual en mercancía y el productor intelectual en asalariado, su condición no es equiparable a la de un proletario. Entre la situación del intelectual no incorporado a la producción material y la del obrero habrá siempre la distancia que separa a la producción de plusvalía de la producción de ideología, al trabajo "manual" del trabajo "no manual" y a una posición estructuralmente antagónica (con respecto a la burguesía) de una posición estructuralmente ambigua.

En fin, no quisiera terminar este capítulo introductorio sin antes reflexionar sobre dos cuestiones más, con base en el texto antecitado de Marx. Me refiero, en primer término, al pasaje en que el autor de *El capital*, luego de establecer la necesaria correspondencia entre la base económica y la superestructura, nos advierte que, sin embargo, la misma base —"la misma, en cuanto a sus condiciones fundamentales"— puede mostrar en su concreta existencia "infinitas variaciones y gradaciones debidas a distintas e innumerables circunstancias empíricas, condiciones naturales, factores étnicos, influencias históricas que actúan desde el exterior, etc.". Observación muy importante, sobre todo para la sociología de la cultura en general y de la literatura y el arte en especial, puesto que ninguna cultura puede constituirse al margen de esas "circunstancias" —que le confieren justamente una fisonomía particular— ni hay arte o literatura capaz de prescindir de ellas. Por el contrario, y dada su misma especificidad de prácticas encaminadas a producir representaciones "sensibles" de determinada realidad, ni el arte ni la literatura pueden limitarse a recrear únicamente lo universal de cada forma social —la "misma base"— sino que también tienen que reproducir, en un solo y mismo movimiento, las condi-

ciones particulares de su existencia histórica concreta.
El intento de volver las espaldas a tales "circunstancias", tal y como ocurre en ciertos momentos del
desarrollo literario y artístico de los países "dependientes", no es por lo tanto más que una forma
tangencial de revelar la propia condición —colonial
o semicolonial— que se pretende aludir.

Por otra parte, aquel texto de Marx nos permite
también enfocar con precisión un problema que ha
adquirido una relevancia muy grande en la historia
de las letras y las artes latinoamericanas: el del estatuto
teórico de las "influencias que actúan desde el exterior".

Éstas, tal como Marx lo afirma, pueden modificar
el modo de manifestarse de la base económica, introduciendo infinitas "variaciones y gradaciones", pero
sin alterar su esencia, es decir, que esas influencias
pueden actuar y en efecto actúan, pero dentro de
ciertos límites estructurales, a título de sobredetermi-
naciones. Y es lo que ocurre en el terreno de la cultura. Influencias las hay, que incluso pueden presentarse como decisivas en la conformación de tal o cual
corriente literaria por ejemplo (supongamos el romanticismo o el modernismo); sin embargo, es un error
pensar que tales influencias poseen una eficacia suficiente como para generar momentos superestructurales realmente desconectados de su base y sólo explicables en virtud de una influencia "externa". Lo
pertinente es más bien partir de la hipótesis de que
esas influencias *se realizan* en función de ciertas necesidades funcionales de la propia sociedad "receptora",
aunque, una vez presentes, no dejen de imprimir ciertas modalidades específicas a la forma de manifestarse de aquellas necesidades.

Por lo demás, no cabe olvidar que las influencias

exteriores son siempre redefinidas en función de la estructura social que las adopta. En el curso de este proceso muchos elementos pueden incluso llegar a convertirse en *otra cosa* de lo que fueron en su matriz de origen, como lo sugiere el propio Marx al analizar "el socialismo alemán o socialismo 'verdadero' ":

Filósofos, semifilósofos e ingenios de salón alemanes se lanzaron ávidamente sobre esta literatura, pero olvidaron que con la importación de la literatura francesa no habían sido importadas a Alemania, al mismo tiempo, las condiciones sociales de Francia. En las condiciones alemanas, la literatura francesa perdió toda significación práctica inmediata y tomó un carácter puramente literario. Debía parecer más bien una especulación ociosa sobre la realización de la esencia humana.[17]

Incluso para comprender el alcance y sentido de las influencias externas, la sociología de la cultura tiene, pues, que remontarse hasta el lugar donde reside el secreto último de cada construcción social.

[17] *Manifiesto del Partido Comunista,* en C. Marx y F. Engels, *Obras escogidas,* ed. cit., p. 56.

DETERMINACIONES Y ESPECIFICIDAD
DE LAS PRÁCTICAS LITERARIAS

Intentar definir la especificidad de la literatura no significa volver a la búsqueda de una problemática "esencia" de la literatura, a la manera de la filosofía idealista. No se trata de partir de una definición a priori de "lo literario", para luego indagar en qué forma ha ido realizándose históricamente esa "esencia", sino de elaborar los conceptos necesarios para la aprehensión del hecho literario en sus manifestaciones concretas. La misma noción de literatura es una noción histórica y socialmente definida y el conjunto de "expresiones" al que ella remite no es un espacio "natural", eternamente idéntico a sí mismo, sino un campo de fronteras fluctuantes,[1] resultado de un complejo proceso social que —no hay que olvidarlo— sólo en determinado momento histórico instituyó a la literatura como actividad específica, separándola de esa masa ideológica más o menos amorfa en que la magia, la religión y la "expresión artística" se confundían. Los conceptos básicos para el establecimiento de una ciencia de la literatura no pueden, por lo tanto, estar encaminados a descubrir una "esencia" que no existe, sino pensados en función de la recuperación del fenómeno literario con-

[1] Sobre la determinación histórica del campo y el objeto literarios, véase France Vernier, *L'écriture et les textes,* París, Editions Sociales, 1974, I parte, cap. I.

creto. Dicho de otra manera, no se trata de elaborar
categorías formales, sino conceptos teóricos que permitan la explicación de realidades históricamente
dadas.

Aquí partiré, por eso, de un concepto que me parece básico, el de *práctica*, que considera a la actividad
de los hombres como un proceso de trasformación
permanente de sus condiciones naturales y sociales
de existencia. Antes de desarrollar este concepto y
analizar sus implicaciones en el terreno de la literatura, conviene sin embargo recordar que tal proceso no se realiza de manera arbitraria y como simple resultado de "proyectos" o "voluntades" individuales, sino que es un *proceso regulado*, que se
desarrolla en el marco de una estructura social dada,
que es la que determina el sentido y la función
de las distintas prácticas. Por eso, aunque en dicho
proceso se movilicen las energías físicas, intelectuales y psíquicas de individuos singulares, las prácticas
de éstos se inscriben siempre dentro de un campo
estructuralmente definido que hace que, en las sociedades clasistas por ejemplo, que son las que más
interesa estudiar aquí, tales prácticas se conviertan
necesariamente en *prácticas de clase*. Lo que luego se
definirá como una práctica específica, la práctica
literaria, no podrá ser estudiada por lo tanto sin tomar en cuenta todas aquellas determinaciones, incluido su modo de inserción en un sistema de contradicciones de clase.

El proceso a que vengo refiriéndome constituye,
por lo demás, un todo dialécticamente articulado,
pero que en virtud de su propia determinación por
la estructura social comprende una serie de prácticas
diferenciadas, susceptibles de ser agrupadas en tres
categorías principales correspondientes a sendos nive-

les de aquella estructura: las *prácticas económicas,* que son las destinadas a trasformar la naturaleza y producir bienes materiales; las *prácticas políticas,* que son las directamente encaminadas a trasformar (o conservar) las relaciones sociales de producción; y las *prácticas teórica y artística,* que tienen por objeto la trasformación de los sistemas de ideas, imágenes y representaciones y operan, por lo tanto, a nivel de la ideología. Esquema que permite realizar ya una primera aproximación al fenómeno literario, definiéndolo como una forma específica de práctica *en* la ideología, y tratar de desarrollar este concepto extrayendo de él las consecuencias teóricas y metodológicas pertinentes.

En términos generales, toda práctica moviliza un conjunto de energías humanas en función de un proyecto determinado (digamos desde ahora: socialmente determinado), con el fin de trasformar una materia prima natural o social, pero siempre históricamente dada, con instrumentos asimismo determinados. De acuerdo con esto y tratándose del proceso de "creación" literaria (que en adelante denominaré proceso de producción literaria para evitar las connotaciones idealistas del término "creación"), el primer problema radica en la determinación de la materia prima objeto de trasformación, la cual, contrariamente a lo que afirma cierta corriente hoy en boga, no está constituida, en última instancia, ni por el lenguaje ni por "la palabra", sino por ciertos conjuntos de ideas, imágenes y representaciones sociales, que el escritor busca plasmar *sirviéndose* del lenguaje articulado.[2] Plantear la cuestión en otros términos

---

[2] Empleo la expresión *lenguaje articulado* para designar el lenguaje humano hablado y escrito, teniendo en cuenta el fenómeno de "doble articulación" que lo distingue de todos los

equivale a pasar por alto el fundamento material de
ese lenguaje y por lo tanto de sus trasformaciones,
eludiendo al mismo tiempo el problema de la rela
ción entre literatura y sociedad o disolviéndolo en
una concepción estrictamente *mágica* que postula la
"revolución" en el lenguaje como sinónimo de una re
volución real de la sociedad. Idealistas y todo, estas
concepciones fetichitas del lenguaje no carecen sin
embargo, de interés ya que, como toda concepción
ideológica, aluden, desplazándolo, a un problema real
que necesita ser replanteado. La premisa a la que
hay que volver es, pues, la de que el lenguaje no
constituye un nivel de la realidad absolutamente autónomo, sino que existe como vehículo de trasmisión
de la concreta experiencia que los hombres tienen
de esa realidad, natural y social. El lenguaje es, por
consiguiente, un *instrumento*, socialmente codificado,
de representación y trasmisión de una experiencia
social proveniente de la realidad objetiva, históricamente dada. Soporte material de la comunicación, el
lenguaje articulado (como cualquier otro lenguaje:
el de los colores, las formas, etc.), es por lo tanto
secundario, puesto que está subordinado a la experiencia que se quiere comunicar. Lo cual no significa
que tal lenguaje sea un mero "calco" de la realidad,[a]
ni que la práctica literaria se relacione con él de la
misma manera que otro tipo de prácticas —la práctica teórica, por ejemplo— o en forma estrictamente
similar a la del simple "discurso" ideológico. Porque el
lenguaje no es un mero "calco" de la realidad es por
lo que entre ésta y aquél se establece siempre una

demás "lenguajes". Al respecto, véase Georges Mounin: *Clefs
pour la lingüistique*, París, Editions Seghers, 1968, p. 61 y *ss.*
   [a] Al respecto véase Georges Mounin, *Les problémes théoriques
de la traduction*, París, N. R. F., 1963.

relación dialéctica plena de tensiones, que revelan justamente la autonomía *relativa* del lenguaje; autonomía relativa que es *una* de las instancias en las que la práctica literaria puede ubicarse (piénsese sobre todo en el caso de la poesía), aunque esa misma ubicación, cuando tiende a convertirse en hegemónica dentro del quehacer literario, es ya un fenómeno social que requiere explicación. Además, es en la medida en que la práctica literaria apunta siempre a la producción de representaciones *formalizadas* de la realidad (luego precisaré mejor esta cuestión), que puede surgir una concepción *retórica* de la literatura y hasta una ideología que perciba a la práctica literaria como un mero trabajo sobre el lenguaje, desvirtuando tanto la naturaleza de éste como la de aquélla.

Distinciones y jerarquizaciones que no obedecen a un bizantino afán de teorizar, sino que implican consecuencias teóricas de mucha importancia. En efecto, identificar a los sistemas socialmente determinados de ideas, imágenes y representaciones como materia prima de la práctica literaria y considerar a ésta como una actividad específica que apunta a la reproducción y expresión de una experiencia social, es fundamental en cuanto de ello se derivan consecuencias como la de no olvidar que la experiencia comunicada supone obligadamente una relación dialéctica con la realidad objetiva. Además, el determinar que el empleo de cierto lenguaje y el tratamiento que éste recibe están subordinados a la expresión y comunicación de aquella experiencia (que no por presentarse bajo la forma de "demonios" u "obsesiones" individuales [4] deja de ser social) permite resti-

---

[4] Cuestión que parece olvidar Mario Vargas Llosa en su libro, *García Márquez: historia de un deicidio*, Barcelona, Barral Editores, 1971.

tuir a la literatura su función social, mientras que
el privilegiar el lenguaje hasta concebirlo como objeto central del quehacer literario lleva, en el plano
teórico, a planteamientos de carácter idealista caren-
tes de validez científica y, en el plano de la investigación concreta, al simple establecimiento de los
mecanismos *lógico-formales* de emisión del mensaje
hablado, *literario o no,* puesto que a este nivel ni
siquiera ha sido posible determinar hasta ahora un
solo rasgo peculiar del "lenguaje literario" que no se
encuentre también en el lenguaje cotidiano, no literario.[5]

Lo cual no significa que las condiciones formales de emisión de tales mensajes no deban ser objeto
específico de estudio —de hecho hay una ciencia que
se encarga de ello: la lingüística—, ni que el análisis
retórico-formal de la literatura carezca de pertinencia *en cierto nivel.* El problema en realidad no surge
con la ciencia que se ocupa seriamente de estos problemas, deslindando con precisión su objeto de estudio y sus límites de pertinencia, sino con aquellas
"teorías" (en realidad: ideologías) que convierten al
conjunto de recursos retórico-formales en "esencia"
de la literatura y al trabajo sobre el lenguaje en un
fin en sí.

Está claro, por otra parte, que siendo el lenguaje
articulado uno de los vehículos privilegiados de trasmisión de la ideología, y la producción literaria una
práctica específica en dicha ideología y a través de
tal lenguaje, los resultados de la investigación lin-

---

[5] Un resumen de la cuestión, que no deja lugar a duda
sobre el fracaso de todos los intentos por fijar "científica-
mente" una frontera entre el "lenguaje corriente" y el "lenguaje literario", puede verse en René Wellek y Austin Warren,
Teoría literaria, Madrid, Gredos, 4a. ed., 1969, p. 28 *ss.*

güística interesan de muy cerca, tal vez no tanto para conocer la función y el contenido de la ideología, cuanto para descubrir sus mecanismos de funcionamiento. Cuestión que se torna mucho más importante aún en el terreno literario, donde las propias *formas* de emisión del mensaje —trátese del "estilo" o de la configuración general de una obra— constituyen ya un nivel particular de significación —y no puramente "estética" sino social en el sentido más riguroso del término—, gracias al efecto propio de una práctica cuya especificidad implica un constante movimiento dialéctico que a la par que va confiriendo forma a determinados contenidos va también imbuyendo contenido a determinadas formas.

Establecidas estas distinciones y precisiones, se puede aclarar mejor algunos aspectos referentes a la relación de la realidad con su representación literaria, tanto desde el punto de vista gnoseológico como desde el punto de vista sociológico, íntimamente vinculados entre sí.

En una primera aproximación puede decirse que la literatura busca ofrecer una representación-expresión sensible de lo "vivido", lo "sentido", lo "percibido", incluyendo las formas mismas de esa percepción, hecho que no deja de plantear por lo menos dos problemas: primero, el de la índole de esa representación, que no es una representación estrictamente conceptual, como la elaborada por la teoría científica, sino más bien una representación concreto-sensible; y segundo, el de la naturaleza de esas "vivencias", "sentimientos" y "percepciones".

Del primer punto se deriva no solamente la distinción entre la práctica científica, que aprehende directamente el objeto en el nivel de sus propiedades, y la práctica artística (literaria en este caso), que

necesariamente lo aprehende a través de sus cualidades sensibles, sino también el problema de saber
si *por sí sola*, la práctica literaria puede producir
un resultado gnoseológico similar al de la práctica
teórico-científica, es decir, un conocimiento objetivo
de las leyes que rigen la conformación, el funcionamiento y desarrollo de determinadas estructuras, o si
los efectos de la práctica literaria no son siempre
más limitados en este campo y, en todo caso, de otra
índole. Por el momento me limitaré a recordar aquella observación de Althusser, en el sentido de que
"el arte nos hace 'ver' unas 'conclusiones sin premisas', en tanto que el conocimiento (científico, F. P.)
nos permite penetrar en el mecanismo que produce
'conclusiones' a partir de 'premisas' ".[6]

El segundo punto ayuda a aclarar más todavía esta
cuestión, si se piensa en que esas "vivencias", "sentimientos" y "percepciones" que la práctica literaria
se propone representar y expresar, no son en rigor
las estructuras sociales mismas (que sólo pueden ser
"descubiertas", es decir conocidas, mediante una práctica teórico-científica) sino los *efectos* objetivos y subjetivos de tales estructuras.[7] Tal o cual obra, escuela
o tendencia literaria puede desde luego captar mejor
el primer tipo de efectos y ser en este sentido más
"realista" que otra que se limite a representar los se-
gundos; ello no implica, sin embargo, la producción

[6] Louis Althusser: "El conocimiento del arte y la ideología", en Adolfo Sánchez Vásquez, *Estética y marxismo*, t. 1,
México, Ed. ERA, 1970, pp. 317-318.
[7] Refiriéndose a la obra de Tolstoi, por ejemplo, Lenin
insiste reiteradamente en que este gran escritor, crítico implacable y apasionado de la sociedad rusa, fue absolutamente
incapaz de comprender las causas que originaban todos los
"males" que en su obra denuncia. Cf. V. I. Lenin, *La literatura y el arte*, Moscú, Ed. Progreso, 1968, pp. 24-29 y 44-58.

de un conocimiento equiparable al científico, aunque fuese con diferentes instrumentos.

De hecho, el problema sólo puede plantearse en toda su complejidad a condición de descartar de plano el presupuesto empirista de que los efectos estructurales pueden ser "vividos", "sentidos" y "percibidos" de manera directa y espontánea, sin mediación alguna. Sabemos que esto no es así y que, por el contrario, tales efectos son siempre "vividos" e interpretados a partir de determinadas "representaciones", "concepciones" o "visiones del mundo" que, como el materialismo histórico lo ha demostrado, no son jamás categorías gratuitas o arbitrarias del "espíritu" (ni siquiera del supuesto "espíritu de una época"), sino elementos determinados por una concreta estructura social. Si esta estructura es clasista, tales "representaciones", "concepciones" o "visiones del mundo" serán necesariamente *ideologías de clase*, en cuyo marco serán "vividos", "sentidos" y "percibidos" los efectos estructurales que constituyen la materia prima de la práctica literaria.[8]

En algunos momentos, esta relación con la ideología se manifiesta de manera clara, cuando determinada región o tendencia ideológica imprime abiertamente cierto carácter a la literatura: carácter "moral", "religioso", "filosófico", "político", "social", etc. En otros, tal relación se torna opaca cuando, gracias a

---

[8] Lucien Goldmann tiene el mérito de haber insistido en la importancia de la "visión del mundo" de un "grupo social" en la producción de una obra literaria; sus limitaciones estriban en que finalmente desliga esos conceptos —visión del mundo, grupo social— de los de lucha e ideología de clase. Por otra parte, Goldmann no llega a plantear el problema de la especificidad de las prácticas literarias. Cf. sus dos obras fundamentales: *El hombre y lo absoluto* y *Para una sociología de la novela*.

uno de sus típicos efectos de coartada, la ideología
actúa sólo de manera implícita, subterránea, produciendo en los propios escritores la ilusión de una
práctica exclusivamente "estética", por fin "liberada"
de sus proyecciones "extraliterarias". Ilusión, en un
doble sentido. Primero, en la medida en que ese "por
fin", que la propia ideología se encarga de codificar
como el encuentro "final" —*souvent recommencé, hé-
las!*— de la literatura con su "esencia", nunca es en
realidad un final, sino un momento históricamente
determinado. Y, segundo, porque aun en los casos límites de un *art pour l'art*, es decir, cuando la materia prima de la literatura parece desplazarse "definitivamente" del nivel de las vivencias y percepciones
al de las solas *formas* de la percepción, aun en estos
casos la ideología y sus determinaciones están presentes en la marcación misma de ese desplazamiento
y también como matriz implícita que determina la
hegemonía de tal o cual género, el predominio de
cierto "estilo", la selección y organización de las
imágenes, etc.

Basta, pues, con concebir a la ideología no sólo
como un sistema explícito de ideas conceptualmente
articuladas, sino, en un sentido más amplio, como
una matriz socialmente determinada de representación y percepción del mundo en todos sus niveles y
dimensiones, para ver cómo ella incide en múltiples
planos de la producción literaria. Instancia estructural que articula "vivencias", "percepciones" y "sentimientos" y confiere, por lo tanto, significación y
sentido social a la experiencia "personal" del escritor, la ideología es también la encargada de definir
qué niveles y espacios de lo "vivido" merecen ser
"literaturizados", y en qué forma, determinando así
no solamente la conformación primaria de la mate-

ria sobre la cual han de ejercerse las prácticas literarias, mas también el *proyecto general* de elaboración
artística de dicha materia.

Tal proyecto, así como la concepción de la literatura que él supone, no es pues un mero efecto de
la dinámica interna de tal o cual género, "estilo" o
"corriente", ni el resultado exclusivo de ciertas influencias "externas", como a menudo se cree al inter-
pretar el desarrollo de la literatura latinoamericana,
por ejemplo; y tampoco se origina ese proyecto en el
solo propósito "conservador" o "renovador" de determinado escritor o grupo de escritores. Aunque todos
estos factores obviamente intervienen, lo decisivo en
última instancia es siempre la *función* que la estructura social y las distintas coyunturas históricas asig-
nan a la literatura, señalándole tareas, direcciones
y campos problemáticos que cristalizan justamente en
forma de "proyectos". El mismo índice de eficacia de
la dinámica interna de cada género, "corriente" o
"estilo", así como de las influencias "externas", varía
en función de las diferentes estructuras y coyunturas; y el propio papel de lo "individual" (la "originalidad", por ejemplo) en la producción literaria
está socialmente regulado. Por eso puede decirse que
la esfera literaria, relativamente autónoma por su
misma especificidad, y poseedora de determinada "tradición" en cada situación concreta, no tiene sin embargo, una *historia propia,* es decir, una lógica intrín-
seca capaz de explicar las líneas fundamentales de su
movimiento histórico. La lógica de su desarrollo no
es, *en última instancia,* otra cosa que la historia de
las determinaciones sociales que rigen los procesos
de producción y reproducción de la literatura, incluyendo entre estos últimos los mecanismos de promo-
ción/represión institucional, la labor llamada "crítica"

y los demás efectos de la ideología sobre "el gusto" la educación y formación de "públicos".[9] En suma todas las expresiones de la lucha de clases en este terreno particular.

Sin embargo, y éste es un hecho de la más alta importancia, la literatura no puede ser considerada como una secreción mecánica y automática de la estructura social, ni como un simple epifenómeno de la ideología. Se trata, como el mismo concepto de práctica lo está indicando, de un *proceso de producción* socialmente determinado, que opera de manera específica, sobre un nivel asimismo específico del sistema de ideas, imágenes y representaciones sociales, al que sin embargo, la literatura no puede reducirse.

Esta especificidad, como ya lo enuncié, consiste en primer término en el hecho de que la práctica literaria apunta hacia la configuración de una *representación formalizada de la realidad,* esto es, a la emisión de un "mensaje" que no deja de atraer la atención sobre sí mismo y sobre las condiciones formales de su emisión. En otros términos, se trata de una práctica cuyo efecto pertinente, la obra literaria, incluye siempre, en mayor o menor medida, la mostración de su proceso mismo de producción y aun de los recursos técnicos empleados en él. Este hecho ha permitido que las teorías idealistas-esteticistas consideren a la obra literaria como un significante que sólo remite a sí mismo, a su propia configuración, y en el cual desaparecería, por lo tanto, el significado normal de todo mensaje, que es cierto nivel de la realidad. Concepción de la literatura que personalmente rechazo, pero sin dejar de reconocer que la *formalización* es un momento dialéctico específico de

---

[9] Sobre estos problemas, véase la obra ya citada de France Vernier, en especial el cap. IV de la primera parte.

a práctica artística que, convertido en instancia cons-
itutiva del efecto "final", es decir, de la obra literaria "acabada", confiere a ésta una particularidad
que la vuelve *irreductible* a sus solos "contenidos"
ideológicos, aunque sin desvincularla de la realidad.
Por el contrario, el hecho de que en este caso el
efecto final sea inseparable de su proceso de producción implica una no ruptura entre lo representado
y su representación, polos unidos, precisamente, por
aquel proceso de dación de forma que la práctica literaria ubica en tan destacado lugar. Además, es este
mismo proceso de dación de forma, resultado de un
despliegue de energías intelectuales y psíquicas encaminadas a lograr la reconstitución sensible de una
experiencia social, el que ayuda a entender mejor
cómo la práctica literaria, pese a ser una práctica *en*
la ideología, puede terminar produciendo un efecto
de distanciamiento frente a ésta, una "crítica en
acto" de la misma como diría Althusser.[10]

Cuestión que sólo se torna realmente comprensible
a condición de recordar que la práctica literaria posee
una especificidad más, cual es la de su particular
ubicación dentro del sistema de ideas, imágenes y
representaciones. En efecto, ella no opera tanto en el
nivel de las ideas (conceptos) *sobre* la sociedad, cuanto en el plano de las representaciones sensibles de
una experiencia *en* la sociedad, experiencia que la
obra literaria trata de reconstruir, de manera asimismo sensible. Esta peculiaridad, que como ya se
vio fija límites para la producción de un conocimiento
equiparable al científico y coloca a las prácticas literarias más bien en relación con la ideología, es la
misma que abre, sin embargo, la posibilidad de un

[10] *Op. cit.,* p. 320.

écart entre obra literaria e ideología, de una *mise en question* de ésta por aquélla. En otros términos, e hecho de que la obra literaria no sea un simple dis curso sobre la realidad, sino un intento de reconsti tución de la misma, y que esto se persiga a travé de un arduo proceso de elaboración de aquella ma teria prima ya definida, permite la aparición de des fasamientos y contradicciones entre ciertos datos que la literatura no deja de captar —en su afán de repre sentar sensiblemente una experiencia— y la ideología que sirve de matriz necesaria de percepción de esa experiencia. Más aún, es este nivel de contradicción o siquiera de tensión el que permite percibir a travé de la obra literaria los límites de la ideología, o por lo menos descubrir la existencia de una problemática de adecuación-no adecuación entre determinada ideo logía y determinados datos de la realidad.

Y es que el proceso de producción de una obra literaria implica una especificidad más, que radica en el hecho de que en él se opera no solamente la trasformación de una materia prima en función de determinado proyecto, mas también la trasformación del mismo proyecto inicial en función de ciertas "características" que esa materia va "revelando" en el curso del proceso. La autonomización relativa del "tema", que según la confesión de muchos escritores comienza a andar sobre sus propios pies a partir de cierto momento, no implica seguramente un "triunfo del realismo" en el sentido —lukacsiano— de predo minio final de una objetividad absoluta;[11] mas sí es un dato revelador de la existencia de una dialéctica propia del proceso de producción literaria, que va

[11] Cf. Georg Lukács, *Problemas del realismo*, México, Ed. Fondo de Cultura Económica, 1966, y *Ensayos sobre el realismo*, Buenos Aires, Ediciones Siglo Veinte, 1965.

operando sucesivas modificaciones y desplazamientos en la problemática primera e introduciendo niveles de tensión y complejidad cuya presencia marca, justamente, la frontera entre la literatura artística y la subliteratura.

Todo lo cual no ocurre, desde luego, por la sola virtud de la especificidad de la práctica literaria, sino en la medida en que el propio todo social, gracias a su doble carácter de estructura y de proceso, es decir, de totalidad regulada pero contradictoria y en marcha, determina la producción de constantes "cortos circuitos" entre la experiencia y la ideología en cuyo marco es "vivida", amén de las constantes fisuras que en la misma matriz ideológica dominante va produciendo necesariamente la lucha de clases. La obra literaria capta pues estos efectos, con mayor o menor profundidad según las propias determinaciones de la estructura social, la situación o la posición de clase del escritor, e incluso según el género literario de que se trate. En un hecho, por ejemplo, que la poesía lírica y la novela ofrecen posibilidades distintas de captación de la realidad, aunque sólo fuese por el hecho de que, mientras la narrativa tiende a mantener presente en la plasmación artística la relación tensa y problemática entre ciertas prácticas y las representaciones que las envuelven,[12] la lírica apunta más bien a la plasmación de representaciones sin reconstitución de las prácticas, lo que en el límite le permite deslizarse con mayor facilidad hacia un nivel universal-abstracto en el que la ideología puede ter-

---

[12] En su *Teoría de la novela* Lukács escribió, no sin razón, que: "mientras la característica esencial de otros géneros consiste en basarse en una forma acabada, la novela aparece como algo en devenir, como un proceso". *La théorie du roman*, París, Editions Gonthier, 1963, p. 67.

minar por absorber toda posibilidad de *mise en question* práctica. Pero se trata solamente de márgenes posibles de movimiento, sobre los que actúan las concretas determinaciones sociales. Aquí como en otros puntos, la teoría no puede ser más que un marco de referencia para el estudio del fenómeno literario como realidad histórica siempre determinada.

EL DESARROLLO DEL CAPITALISMO EN AMÉRICA LATINA: 1880-1910

El período literario conocido con el nombre de "modernista", y que aproximadamente se extiende de 1880 a 1910,[1] corresponde a una fase bien definida de la historia de América Latina, que se caracteriza por la implantación del modo de producción capitalista en escala continental. Algunos rasgos de este proceso han sido ya suficientemente estudiados y teorizados, de suerte que apenas hace falta insistir en ellos. Se trata de un desarrollo tardío del capitalismo, que se implanta en América Latina en el preciso momento en que dicho modo de producción está entrando, a nivel mundial, en su fase "superior" y última, es decir, en la fase imperialista; hecho que no es solamente el signo de un desfasamiento y por lo tanto de un retraso, sino, *sobre todo,* el origen de una situación de subordinación que convertirá a las formaciones sociales latinoamericanas en sociedades neocoloniales, semicoloniales o dependientes, según el caso. Países como los del Caribe y América Central se ubicarán por regla general entre la primera y segunda situaciones, mientras el resto de naciones latinoamericanas se verán envueltas en múltiples nexos de

[1] E. Anderson Imbert, por ejemplo, habla de dos generaciones modernistas: la primera, con un período de vigencia que va de 1880 a 1895; la segunda, que se extiende de 1895 a 1910. Cf. *Historia de la literatura hispanoamericana,* Ed. FCE, México, 1974.

dependencia en todos los órdenes de su vida económica, política y cultural.

En todo caso, la relación de subordinación con respecto a los centros hegemónicos imperialistas será un elemento definitorio de su desarrollo económico, por lo menos por estas dos razones: primero, porque América Latina se incorpora al mercado mundial en el contexto de una división internacional capitalista-imperialista del trabajo, que asigna a Latinoamérica el papel de proveedor de materias primas y productos agropecuarios, convirtiendo por lo tanto a su economía en una economía básicamente primario-exportadora, a la vez que importadora de productos industriales elaborados fuera de la región. Segundo, porque buena parte del desarrollo del capitalismo en América Latina se hace desde sus comienzos bajo la égida del capital imperialista, que es invertido primero en sectores claves como los de trasportes y minas y, poco después, en las grandes plantaciones agrícolas.

En algunos países, tales inversiones aparecen como simplemente complementarias de una producción que, en su conjunto, es controlada por los sectores dominantes locales; pero en otros —y es justamente el caso de los países en situación neocolonial o semicolonial— las inversiones extranjeras llegan a controlar los centros económicos vitales, constituyendo verdaderos "enclaves" desde donde se ejerce la dominación sobre el conjunto de las respectivas formaciones sociales, cuya identidad e independencia —cuando ésta es nominalmente reconocida— quedan reducidas por lo mismo a un plano casi exclusivamente formal.

Las características que acabo de señalar indican por sí solas un núcleo de determinaciones concretas que constituyen la primera y más relevante particularidad histórica de la implantación y desarrollo del capitalismo en América Latina. Pero, como es obvio, ese capitalismo no brotó en un terreno socialmente indefinido, sino sobre la base de una matriz económica y social históricamente dada, de rasgos predominantemente precapitalistas. La historia de la implantación y desarrollo del capitalismo en América Latina en la fase que me interesa analizar aquí, es por lo tanto también la historia de la trasformación de los modos de producción precapitalistas en capitalistas, con todo lo que ello implica en complejidades y conflictos.

Inútil insistir siquiera en la dura lucha de clases que supuso la trasformación de una sociedad predominantemente feudal, y en muchos casos marcadamente esclavista, en una sociedad cada vez más definida por el predominio del modo de producción capitalista. Allí están, para atestiguarlo, desde los continuos levantamientos de los comuneros y campesinos pobres despojados por una violenta acumulación originaria, hasta las no menos frecuentes guerras civiles entre conservadores y liberales, que constituyen uno de los hitos más visibles de la historia latinoamericana de este período.

Es asimismo evidente la acentuada desigualdad de este desarrollo histórico, que determinó que los modos de producción precapitalistas se mantuviesen vigentes en vastas áreas del continente hasta el pleno siglo xx, subordinados al movimiento general del capitalismo y conformando con él una heterogénea matriz económica y social sobrecargada de contradicciones. Pero a través de estos intricados procesos terminaron por perfilarse ciertas líneas constitutivas de la especificidad del desarrollo del capitalismo en América Latina, que trataré de destacar a continuación.

Primeramente, y durante todo el período al que

vengo refiriéndome, no parece haber ningún país de América Latina donde el capitalismo se implantara por una vía revolucionaria; esto es, mediante una revolución democrático-burguesa que liquidara de manera radical los cimientos del *ancien régime*. Al contrario, ese capitalismo, que en razón misma de la situación de dependencia que he descrito se instala primero en el agro, parece seguir un camino semejante al que Lenin calificó de "vía junker", es decir, una modalidad según la cual el latifundio tradicional —sea de tipo feudal o sea de tipo esclavista— no es abolido como unidad económica y social, sino que más bien sirve de base para el surgimiento, zigzagueante e híbrido, del modo de producción capitalista. Lenin, recordémoslo, plantea el problema en los siguientes términos:

O bien la antigua economía terrateniente, ligada por millares de lazos con el derecho de servidumbre, se conserva, trasformándose lentamente en una economía puramente capitalista, de tipo "junker". En este caso la base del tránsito definitivo del sistema de pago en trabajo al capitalismo es la trasformación interna de la economía terrateniente basada en la servidumbre; y todo el régimen agrario del Estado, al trasformarse en capitalista, conserva aún por mucho tiempo los rasgos de la servidumbre. O bien la revolución rompe la antigua economía terrateniente, destruyendo todos los restos de la servidumbre y, ante todo, la gran propiedad terrateniente. (...) Con otras palabras: o bien la conservación de la masa principal de la propiedad de los terratenientes y de los principales pilares de la vieja "superestructura"; de aquí el papel preponderante del burgués liberal-monárquico y del terrateniente, el rápido paso a su lado de campesinos acomodados, la degradación de la masa de campesinos que no sólo es expropiada en enorme escala, sino que, además, es esclavizada por los distintos sistemas de rescate propuestos por los "kadetes" y oprimida y embrutecida por el dominio de la reacción.

(...) O bien la destrucción de la propiedad de los terratenientes y de todos los pilares principales de la vieja "superestructura" correspondiente...[2]

Ahora bien, autores como Roger Bartra estiman que, hacia finales del siglo pasado, el agro mexicano se desarrollaba por un camino que se puede identificar como la "vía junker" ("en su versión porfiriana");[3] interpretación que me parece pertinente no sólo para el caso de México, sino también para el de vastas áreas de América Latina.

De todos modos quisiera señalar que aun en casos como el de Argentina, país que por haber constituido una zona relativamente "marginal" durante la Colonia no surgió a la vida republicana con grandes lastres esclavistas o feudales, el capitalismo no se desarrolló a partir de la pequeña o mediana propiedad agrícola, sino también "desde arriba", con base en las gigantescas estancias constituidas con anterioridad a la llegada masiva de la "mano de obra" europea:

En el caso de Argentina —escriben Sunkel y Paz—, éstos (los terratenientes. F. P.), se habían apropiado con anterioridad de prácticamente toda la Pampa húmeda donde se realiza la expansión exportadora. Adviértase aquí una diferencia interesante con respecto de economías como la australiana, neozelandesa, norteamericana y canadiense, donde por diversos procedimientos la disponibilidad de tierras para el colono agrícola potencial se mantuvo en expansión durante todo el período. En otras palabras, mientras en Argentina y Uruguay el inmigrante que aspiraba a la propiedad de la tierra no tenía otra alternativa que trabajar como asalariado o arrendatario en haciendas ya establecidas,

[2] Lenin, *El desarrollo del capitalismo en Rusia,* Fondo de Cultura Popular, México, 1971, p. 12.
[3] *Estructura agraria y clases sociales en México,* ERA, México, 1974, p. 12.

en las otras economías citadas existió una frontera agrícola en expansión y el Estado fomentó el establecimiento
de los colonos...[4]

Una modalidad de implantación y desarrollo del
capitalismo como la que vengo esbozando, tuvo como
es natural consecuencias muy específicas en la evolución económica, social, política y cultural de las
sociedades latinoamericanas. En primer lugar, dicha
vía no llevó a cabo una trasformación cualitativa
de las relaciones hombre-naturaleza, mediante la introducción de conocimientos, técnicas e instrumentos
de producción verdaderamente modernos, sino que
más bien basó el "desarrollo" en un redoblamiento
de la explotación de la fuerza de trabajo, que parecía
realizar al pie de la letra esta observación de Marx:

Tan pronto como los pueblos cuyo régimen de producción se venía desenvolviendo en las formas primitivas de
la esclavitud, prestaciones de vasallaje, etc., se ven atraídos
hacia el mercado mundial, en el que impera el régimen
capitalista de producción y donde se impone a todo el
interés de dar salida a los productos para el extranjero, los
tormentos bárbaros de la esclavitud, de la servidumbre de
la gleba, etc., se ven acrecentados por los tormentos civi-
lizados del trabajo excedente.[5]

En efecto, la "modernización" de América Latina
en este período tuvo como fundamento una sobrexplotación despiadada del trabajador rural, violentamente
convertido en un ser "híbrido" (semiproletario, se-
misiervo, semiesclavo) altamente rentable para las
clases explotadoras. Como afirma Halperin-Donghi:

    [4] Oswaldo Sunkel y Pedro Paz, *El subdesarrollo latinoame-
ricano y la teoría del desarrollo,* Siglo XXI, México, 1970, pp.
323-324.
    [5] *El capital,* vol. I, FCE, México, 1972, p. 181.

se trata de hacer de ese campesino una suerte de híbrido que reúna las ventajas del proletario moderno (rapidez, eficacia surgidas no sólo de una voluntad genérica de trabajar, sino también de una actitud racional frente al trabajo) y las del trabajador rural tradicional en América Latina (escasas exigencias en cuanto a salarios y otras recompensas, mansedumbre para aceptar una disciplina que, insuficientemente racionalizada ella misma, incluye vastos márgenes de arbitrariedad). Son demasiadas exigencias a la vez, y no es extraño que no todas se alcancen completamente.[6]

Y es que, en esta vía específica de "desarrollo", las propias relaciones sociales de producción no experimentan una trasformación radical, en el sentido de una abolición de las distintas formas precapitalistas de supeditación del trabajador y su sustitución por un sistema de "libre" compra-venta de la fuerza de trabajo:

Los sectores que dirigen la modernización agraria, escasos de capitales, no encaran sino cuando no les queda otra salida la constitución de una mano de obra realmente pagada en dinero; encuentran que los peones asalariados son no sólo demasiado costosos sino también demasiado independientes: un campesino con dinero suele, en efecto, creerse más libre de lo que efectivamente está, y abandonar la hacienda. El sistema de endeudamiento, facilitado porque el hacendado ha heredado del antiguo corregidor un derecho no escrito de repartimiento que le permite fijar precios y cantidades de artículos consumidos por sus peones, se revela más eficaz para disciplinar a la mano de obra; lo es aún más porque el hacendado tiene el poder político, administrativo y militar a su servicio.[7]

Aun en aquellas áreas donde las comunidades campesinas han sido "liberadas" violentamente de su

---

[6] Tulio Halperin-Donghi, *Historia contemporánea de América Latina*, Alianza Editorial, Madrid, 1972, p. 219.
[7] Halperin, *op. cit.*, p. 218.

propiedad, dista mucho de establecerse un régimen
basado en estrictas relaciones salariales:

Sin duda, esa expropiación no lleva necesariamente a la
incorporación de los ex comuneros a nuevas clases de asalariados rurales; para ello sería necesaria una incorporación plena de las áreas rurales a una economía de mercado,
que está lejos de darse. El resultado acaso más frecuente
es, por el contrario, su mantenimiento en tierras que ahora
son de grandes propietarios individuales, una parte de las
cuales utilizan los labradores para cultivos de subsistencia,
a cambio de prestaciones de trabajo en aquellas cuyos
frutos corresponden al propietario.[8]

En fin, ni la abolición legal de la esclavitud impide que sigan practicándose modalidades semiescla-
vistas como las que Halperin-Donghi recuerda en
este pasaje:

Aun en tierras de población local escasa el recurso a la
inmigración no siempre impone una mejora en la situación del trabajador de la tierra: en la costa peruana, en
Panamá o en Cuba los *coolies* chinos parecen ser una respuesta a la clausura definitiva de la fuente africana; jurí-
dicamente libres, son vendidos, sin embargo, a hacendados
(o a compañías de obras públicas) por los importadores a
quienes deben el monto del pasaje; sistemas análogos se
practican, aunque más limitadamente, en el Río de la Plata
por empresarios franceses y españoles respecto de inmigrantes vascos y gallegos, en los años entre 1850 y 1870,
y en el Brasil se conocerán aún en fecha más tardía para
inmigrantes portugueses y sobre todo italianos.[9]

En tales condiciones, la propia estructura de clases tardará mucho en polarizarse en torno al eje
burguesía-proletariado, pese a la existencia de una

[8] Halperin, *loc. cit.*
[9] *Op. cit.*, p. 220.

tendencia a la extensión de las prácticas capitalistas en el conjunto del cuerpo social. Lo que predomina en el agro durante un prolongado período es más bien la oposición entre los terratenientes semicapitalistas por un lado y los campesinos en vías de proletarización por otro; mientras en las urbes, dominadas básicamente por el capital comercial, se dibuja una contradicción entre éste y los sectores "plebeyos" y "medios" que sufren de manera cada vez más acentuada su dominación. Y la sociedad en su conjunto está objetivamente atravesada por una oposición bastante amorfa entre "sectores populares" y "oligarquía", oposición inscrita en una matriz estructural extremadamente compleja, que por igual es capaz de incubar tentativas de *retours en arrière* que tendencias de carácter más democrático e incluso popular.

De todas maneras, esta modalidad de desarrollo del capitalismo no llega a implantar un liberalismo real aun en el terreno estrictamente económico, donde la libre competencia está lejos de operar más allá de las altas cumbres de la sociedad. La masa principal de la vieja propiedad territorial no solamente se conserva sino que inclusive se amplía gracias a la expropiación de las tierras comunales y eclesiásticas, así como por el proceso de expansión de la frontera agrícola que, aun en casos como el de Argentina y Uruguay, es sinónimo de extensión de la propiedad latifundiaria. De suerte que, a la postre, el poderío de los sectores de punta del *ancien régime* resulta acrecentado en el terreno económico y reforzado en el plano político, donde la "nueva" oligarquía ("nueva" en el sentido de haber refuncionalizado su papel económico transitando hacia el capitalismo) establece una hegemonía que dista mucho de implicar una democratización de la sociedad:

La ampliación de la vida política por parte de sectores nue
vos es muy limitada: en casi todas partes los que dominar
la economía conservan hasta 1880, y aún más allá, el mo
nopolio del poder político o, en todo caso, lo comparter
con fuerzas que han entrado a gravitar desde antes de la
renovación de mediados de siglo (la más importante de la
cuales es, en todas partes, el ejército). La renovación polí
tica termina entonces por reducirse a un proceso interno
a los sectores dirigentes, ellos mismos escasamente renova
dos en su reclutamiento. Este desenlace tiene algo de in
esperado, si se toman en cuenta las resistencias que en su
comienzos la renovación encontró, demasiado violentas para
que sea explicación suficiente la presencia de una generación
de dirigentes políticos que en casi todas partes se resigna
mal a su ocaso.[10]

Inclusive la Iglesia, que en la primera fase del
proceso aparece como la gran perdedora —y que *efectivamente lo es en tanto que insttiución todavía feudal*— recobra importancia posteriormente, una vez
que, a su modo, redefine también su papel social:

No es extraño entonces que la resistencia eclesiástica sea
sólo un episodio relativamente pasajero en la adaptación
de la institución al nuevo orden; en algunos decenios la
Iglesia latinoamericana aprende a vivir dentro de él, y para
volver a usar su influjo sobre los sectores altos, que está
lejos de haber desaparecido, debe presentarse como dis-
puesta a aceptar lo esencial del cambio ocurrido y a desem-
peñar dentro del orden nuevo papel análogo al que fue
el suyo en el viejo.[11]

Este "orden nuevo", al que muchos denominan orden "liberal-oligárquico", tampoco ha logrado trasformar a fondo, revolucionariamente, la superestructura ideológico-cultural de América Latina. Es cierto
que, en la medida en que es menester doblegar la

[10] Halperin, *op. cit.*, p. 233.
[11] Halperin, *op. cit.*, pp. 232-233.

esistencia de una Iglesia hasta entonces feudal, se rea un sentimiento que, antes que laico propiamente icho, es anticlerical. Es verdad, asimismo, que en ierto nivel se desarrolla una ideología basada en el ulto de la "ciencia" y el "progreso". Ello no obs- ante, uno no debe perder de vista los claros límites le estas trasformaciones. Para empezar, habría que reguntarse qué alcance real podía tener la "fe" en a ciencia en un contexto en que, como ya se vio, staba lejos de operarse una trasformación de las elaciones hombre-naturaleza. Y no estaría por de- nás recordar que el propio culto al "progreso", en nuchos casos no fue más que una manera "cientí- ica" de justificar la penetración imperialista y la ituación de dependencia en general.

Es un hecho, por otra parte, que la superestruc- ura ideológica de las sociedades latinoamericanas igue conservando durante este período un "legado" religioso muy grande, a la vez que mantiene elemen- tos importantes de la vieja cultura "señorial". En todo caso dista bastante de expresar una tendencia predominantemente democrática, en la que el interés le amplias bases sociales esté representado. No por azar la divisa del momento fue "orden y progreso" y no "libertad, igualdad, fraternidad".

Pese a lo anotado, no debe olvidarse que esta vía de desarrollo del capitalismo, oligárquica y todo lo que se quiera, es una forma de *transición* del predo- minio de un modo de producción (feudal o escla- vista según el caso) al de otro modo de producción (el capitalista); tránsito durante el cual se realizan, aunque de manera específica, cambios relevantes en la vieja matriz económica y social. Tal vía no im- plica, por lo demás, una transición "pacífica", ni ausencia de la lucha de clases; al contrario, los cam-

bios se producen como resultado del desarrollo de un
complejo de contradicciones, que desencadena conflic
tos múltiples en todos los órdenes y abre grieta
profundas en el conjunto del cuerpo social. Así, aun
que el núcleo de surgimiento del capitalismo en e
agro sea en este caso la hacienda tradicional, es un
hecho que siempre hay sectores de terratenientes feu
dales o esclavistas "rezagados", con los cuales el secto:
más "avanzado" de la propia oligarquía agraria tiene
que enfrentarse en el curso del proceso. Es asimismo
claro que la realización de la acumulación origina
ria, que además de despojar de sus medios de pro
ducción a los productores directos expropia también
los bienes eclesiásticos, abre un duro frente de lucha
no sólo entre los campesinos desposeídos y el secto
oligárquico que tiende a convertirse ya en hegemó
nico, sino además entre éste y uno de los principales
elementos constitutivos del antiguo bloque de po
der, es decir, la Iglesia católica.

En fin, hay que tener presente que por lo menos
hasta mediados del siglo XIX la suerte no está echada
todavía, puesto que, junto a la vía oligárquica ya en
ciernes, siguen aún vigentes los proyectos de tras
formación democrático-burguesa apoyados en otra base
social:

En casi todas partes, a mediados del siglo XIX, un orden
sustancialmente conservador, más o menos firmemente arraigado, está amenazado por el crecimiento de una oposición
que se nutre sobre todo de las ciudades en crecimiento;
esta oposición no expresa sólo el descontento siempre dis-
ponible de la plebe urbana, sino sobre todo el de muchos
jóvenes de las clases instruidas pero no ricas, a los que
la sociedad hispanoamericana no es más capaz en 1850 que
en 1800 de dar el lugar que juzgan suyo en derecho, y a
quienes el conservadurismo intelectual dominante resulta
particularmente insoportable; a menudo esa oposición re-

coge también la pretensión de clases medias urbanas a recibir trato más respetuoso de sus gobernantes. El poderío económico y social que sostiene estas protestas es insignificante; si consolidan sus avances es porque logran evocar en su apoyo a elementos más poderosos, pero esto sólo lo alcanzan cuando ya han obtenido una supremacía política que ha comenzado por ser muy frágil.[12]

El proyecto democrático-burgués aquí involucrado (que hay que tener muchísimo cuidado en no confundir con la vía oligárquica que posteriormente se impuso) era desde luego inviable no sólo en razón del "insignificante" poderío económico y social que lo sostenía, mas también por no estar incorporada a él la clase popular fundamental de aquel entonces, o sea, el campesinado. Mal podía mantenerse pues como proyecto autónomo, sino que estaba condenado a convertirse, más temprano que tarde, en simple ala radical y "romántica" de ese desarrollo burgués-oligárquico al que la propia articulación de los países latinoamericanos con el imperialismo reforzaba, haciéndolo virtualmente inexorable. Así y todo, aquel proyecto es un ingrediente importante de la lucha de clases de este período, siendo además el que confiere a las trasformaciones de la segunda mitad del siglo XIX el aspecto de revoluciones liberales frustradas.

Hay un asunto más que quisiera señalar. Oligárquico y todo, el modelo de desarrollo capitalista que vengo analizando permite, al amparo mismo de los conflictos señalados, el acceso de nuevos sectores, aunque sean minoritarios, al control de los medios de producción. El solo hecho de la entrada al mercado de los bienes de "manos muertas" conlleva la posibilidad de que ciertos capitalistas comerciales, por ejem-

[12] Halperin, op. cit., pp. 233-234.

plo, adquieran la propiedad de la tierra; para no hablar del "irresistible" ascenso económico de tantos caudillos y jefes "liberales". De suerte que, aun a nivel estrictamente agrario, la nueva oligarquía no es enteramente asimilable a la antigua aristrocracia. Entre las dos hay, metafóricamente hablando, la misma relación que entre dos círculos secantes.

En fin, recordemos que el propio florecimiento de la actividad de exportación e importación acarrea un florecimiento correlativo del capital comercial, que en la mayoría de los casos no puede, por la índole misma de estas economías subordinadas al imperialismo, invertirse en la creación de una planta industrial, pero que sí logra, en cambio, supeditar a su control a sectores a veces amplios de la producción de tipo tradicional. Por este lado también se desarrolla un proceso de transición, pero que no es precisamente el revolucionario. Marx escribe al respecto:

El tránsito del régimen feudal de producción se opera de un doble modo. El productor se convierte en comerciante y capitalista, por oposición a la economía natural agrícola y al artesano gremialmente vinculado a la industria urbana de la Edad Media. Éste es el camino realmente revolucionario. O bien el comerciante se apodera directamente de la producción. Y por mucho que este último camino influya históricamente como tránsito (...) no contribuye de por sí a revolucionar el antiguo régimen de producción, sino que lejos de ello lo conserva y lo mantiene como su premisa (...) Sin revolucionar el régimen de producción, lo que hace es empeorar la situación de los productores directos, convertirlos en obreros asalariados y proletarios colocados en peores condiciones que los sometidos directamente al capital, apropiándose del trabajo sobrante a base del antiguo régimen de producción.[13]

---

[13] *El capital*, ed. cit., vol. III, p. 323.

Sea de esto lo que fuere, lo cierto es que la vía de desarrollo del capitalismo en América Latina termina por constituir un bloque oligárquico de poder, cuyo polo hegemónico descansa en la santa alianza de los "junkers" criollos, los grandes comerciantes locales y los capitalistas extranjeros.

Ligada estrechamente al "exterior", de cuyo mercado e inversiones depende sin lugar a dudas, la oligarquía nativa adopta, por lo demás, una posición marcadamente "cosmopolita", que refleja en el plano ideológico la cancelación de todo proyecto de desarrollo específicamente nacional. Lo que no quiere decir que su relación con el capital extranjero se lleve a cabo sin contradicciones, ni que en ciertos niveles el nacionalismo no sea esgrimido como bandera. Como escribe Marcos Kaplan:

Por una parte, la dinámica de la incorporación al sistema internacional y a la relación de dependencia conlleva la tendencia a la europeización. Por otra parte, la oligarquía necesita conservar también una base de maniobra, para la explotación del sistema productivo, el mantenimiento de la cohesión interna y de la propia hegemonía, y el refuerzo de su posición negociadora con los grupos extranjeros y grandes potencias. (...) La dialéctica del cosmopolitismo y el nacionalismo no desaparece del todo, aunque durante un período considerable el primero prevalezca sobre el segundo.[14]

En determinadas coyunturas y países dicho nacionalismo puede incluso adquirir una profunda significación histórica, involucrando ya otro proyecto, como en el caso de Balmaceda en Chile; pero este mismo ejemplo dramático de una tendencia patriótica ani-

[14] Marcos Kaplan, *Formación del Estado nacional en América Latina*, Ed. Universitaria, Santiago de Chile, 1969, pp. 194-195.

quilada por la reacción oligárquico-imperialista pone de manifiesto cuál es la dirección hegemónica del proceso en su conjunto.

Por otra parte, factores como la celeridad y violencia con que se ha llevado a cabo la acumulación originaria, la sobrexplotación que rige las relaciones de producción, la supeditación cada vez más forzada del trabajo "independiente" al capital, la remoción brusca de las formas tradicionales de vida en general y la propia dependencia respecto del capital extranjero, obligan al nuevo bloque de poder a recurrir a fórmulas extremadamente autoritarias de dominación, destinadas a suplir un "consenso" del que obviamente no gozaba este capitalismo, que ni ante la mirada más ingenua podía aparecer como surgido "de abajo".

Es posible que el régimen de Porfirio Díaz represente el ejemplo más acabado de este tipo de absolutismo; de todas maneras, no constituye una excepción. Con matices de una u otra especie —explicables en función de la estructura social y el nivel y orientación de la lucha de clases en cada formación nacional— tal fórmula se repite incluso en aquellos países cuya historia parece seguir cauces mucho más liberales. En Argentina, por ejemplo:

Con Roca madura una evolución comparable en algunos aspectos a la mexicana; sin duda ya desde mediados del siglo Alberdi había fijado como objetivo para la nueva Argentina darse una organización autoritaria que asegurase el orden necesario para el progreso económico...[15]

En Uruguay mismo, una dictadura remplaza al régimen parlamentario a partir de 1876:

---

[15] Halperin, *op. cit.*, p. 249.

...la dictadura no de un caudillo rural sino de un militar profesional, que gobierna en nombre del ejército. Lorenzo Latorre impone a la campaña un orden estricto; realiza en el Uruguay las tareas que en la Argentina comenzó Rosas y coronó Roca; apoyado en los hacendados reunidos en la Asociación Rural, en los comerciantes exportadores, ofrece la fuerza del Estado para vencer la resistencia de la población campesina al alambrado de los campos, a lo que es, de hecho, sistema de trabajo obligatorio en las estancias.[16]

En torno a los pilares del nuevo orden oligárquico se constituye naturalmente una élite militar poderosa, así como una capa de administradores del "orden" y teóricos del "progreso" que no tardan en desplazar de la escena política a los intelectuales "románticos" de la fase pionera:

En su vejez, el argentino Sarmiento evocaba —para condenarla— su indignación porque luego de derribar a Rosas, Urquiza no había dado el poder político a él y sus amigos: Urquiza, dictaminaba un Sarmiento al que la edad había aportado un más sereno conocimiento del mundo, había hecho bien en no fiarse de unos escritores sin prestigio ni dinero, en apoyarse, en cambio, en los hacendados, en los ricos comerciantes, en los letrados que habían sido antes sostenes de la federación rosista.[17]

Y no se trataba únicamente del alejamiento de los liberales románticos de la escena política, sino de algo más profundo: es que las funciones mismas de "hombre de letras" y "hombre público" parecían ir separándose. En todo caso, ya no bastaba con ser un escritor o pensador de prestigio para tener acceso, de manera casi automática, al pináculo de las funciones políticas. Era como si de repente el "progreso"

[16] Halperin, *op. cit.*, p. 252.
[17] Halperin, *op. cit.*, p. 234.

requiriese mucho más "científicos" y hombres "positivos", que escritores o artistas de renombre. En comparación con las perspectivas anteriores, estos últimos quedan pues "relegados". Y lo sienten, sin la menor duda:

Tal vez parezca extraño el hecho de que precisamente en este período de prosperidad nuestros hombres de letras hayan sido tan pesimistas. En cada caso hubo, naturalmente, razones particulares (por ejemplo, Casal y Silva), pero también hubo un motivo general: estos hombres hallaron la situación del intelectual súbitamente disminuida tan pronto como dejó de intervenir activamente en la vida pública; vieron que sus mayores eran aún grandes figuras nacionales —Mitre y Miguel Antonio Caro y Justo Sierra y otros— pero que ante ellos no se abría ese mismo porvenir. Ya hemos visto que sus mayores no alcanzaron la eminencia sólo en las letras y estos jóvenes contaban con el gran aprecio de sus lectores —de hecho, la literatura sigue dando más prestigio a un hombre en la América hispánica que en la mayoría de los otros países. Pero el contraste que produjo la nueva situación era evidentemente grande, y les hizo sentirse frustrados.[18]

Los intelectuales siguen ciertamente gozando de prestigio en cuanto tales, pero ya sin el atributo de ser al mismo tiempo rectores o administradores de los "destinos" de la nación. Hecho significativo: con el ascenso de Roca al poder en 1880, el propio Mitre al que se refiere Henríquez Ureña en la cita anterior, "prudentemente se acogió al papel de patriarca de la nacionalidad que el nuevo dueño de la nación le había asignado; pasó a ser el jefe, por todos venerado, de una oposición impotente, en quien los dominadores cultivaban al adversario al que preferían

[18] Pedro Henríquez Ureña, *Las corrientes literarias en la América Hispana,* FCE, México, 1969, n. 12 de la p. 260.

tener por interlocutor en horas de crisis".[19] Al igual que su compatriota Sarmiento, Mitre ya no es a estas alturas más que un digno sobreviviente de una *époque révolue*.

Frustrado el proyecto de trasformación democrático-burguesa de la sociedad latinoamericana; ahogado —lo que es peor— en una ola de "prosperidad" cuyas fosforecencias encandilan incluso a los sectores medios antes en rebeldía; los escritores de cuño tradicional que emergen a la vida social hacia 1880 ya no tienen, ciertamente, ninguna "misión" que cumplir en este sentido; en rigor, tampoco tienen gesta alguna que cantar. Deshecha, o si se quiere "degradada" la vieja aristocracia, tampoco quedan muchos "mecenas" capaces de acoger a estos escritores en su regazo protector; los negocios interesan, de todos modos, más que la poesía. Sin saber bien cómo ni por qué —o apenas intuyéndolo— los escritores no "científicos" —que por lo demás provienen muchas veces de familias arruinadas por la propia prosperidad oligárquica— se sienten entonces desamparados: "marginados" por esos "reyes burgueses" que en vez de protegerlos y ubicarlos en un sitial de honor, los condenan a realizar tareas tan "prosaicas" como el periodismo o a ejercer funciones subalternas en las filas de una "mediocre" burocracia. Para no hablar de la obligada inmersión en unas relaciones de mercado que todavía conocen mal y donde ni siquiera están claramente definidas las reglas de juego para la producción literaria y artística.

Problemas harto complejos, de los que vamos a ocuparnos con detenimiento en el capítulo siguiente.

[19] Halperin, *op. cit.*, p. 250.

4

"MODERNISMO" Y SOCIEDAD: DISCUSIÓN DE ALGUNAS HIPÓTESIS DE INTERPRETACIÓN

Probablemente ningún movimiento literario latino americano ha sido objeto de tantos estudios y —hay que decirlo también— de tanta controversia como el modernismo. Sin embargo, al revisar los principales trabajos en que se intenta hacer una síntesis o realizar un balance del asunto,[1] uno tiene la impresión de que la crítica ha llegado a un punto muerto, encerrada en un círculo vicioso cuyos límites no logra rebasar.

Existe, desde luego, un acuerdo unánime en cuanto a la importancia de la trasformación "formal" operada por el modernismo en las letras latinoamericanas, hecho que en el límite permite afirmar, como lo hiciera Pedro Henríquez Ureña en su tiempo, que "de cualquier poema escrito en español puede decirse con precisión si se escribió antes o después de él".[2] Esto es indudable, y cada vez mejor conocido gracias al aporte de nuevos trabajos en que se analiza el *estilo* de los escritores finisecu!ares latinoamericanos con técnicas bastante refinadas.

[1] Cito, a título de ejemplo: *Estudios críticos sobre el modernismo,* Introducción, selección y bibliografía general por Homero Castillo, Gredos S. A., Madrid, 1968; y *Martí, Darío y el modernismo,* por Iván A. Schulman y M. Pedro González, Gredos S. A., Madrid. 1969.
[2] *Op. cit.,* p. 173.

incluso me atrevería a asegurar que, si la crítica formalista fuese consecuente consigo misma, el problema del modernismo podría darse ya por resuelto desde *su* punto de vista. Trataríase de una trasformación del léxico y la estructura del discurso *literario* latinoamericano que va tomando cuerpo hacia 1880, se consolida como "escritura" dominante a finales de esa década y se mantiene vigente hasta 1910 o 1920, fechas aproximadas en la que otra "escritura" —a la que puede llamarse "criollista", "realista" o como se quiera— viene a remplazarla, imponiendo un nuevo léxico, una nueva sintaxis e incluso el predominio de otros géneros.

El proceso de investigación sobre el modernismo, claro está, no quedaría clausurado con esto: nuevos estudios pueden siempre descubrir figuras, giros, inflexiones o resonancias antes desconocidas, que permitan identificar con mayor "objetividad" y precisión el discurso modernista. Pero éste ya no sería en rigor un campo problemático por explorar, sino un terreno desbrozado en el que una mirada penetrante nunca dejará de hallar perfiles y relieves hasta entonces desapercibidos.

Por muy formalista que sea, la crítica se resiste sin embargo a postular que el modernismo consistió en una simple trasformación estilística, sin otro fin ni sentido que el de operar una "revolución" en el lenguaje literario. Y es aquí, justamente, donde la cuestión comienza a tornarse problemática. Ansiosa de encontrar un "algo más", pero reacia, al mismo tiempo a admitir que ese "algo más" no es otra cosa que una significación social, históricamente determinada, dicha crítica recurre a unas cuantas claves míticas que ora consisten en explicar al modernismo como una expresión de la angustia existencial inherente al hombre

"moderno", ora en conceptualizarlo como una encar
nación inevitable del "espíritu de la época", o bier
en hacer de él una manifestación de la naturaleza
"barroca" y tendiente al "sincretismo" del hombre
latinoamericano.

Esta línea de interpretación tropieza sin embargo
con un escollo difícil de sortear, que es el "caso"
Martí. Tan "moderno" y de "su época" como los mo
dernistas propiamente dichos, y no sólo ciudadano
y escritor sino también héroe de América Latina, su
obra resulta a pesar de ello irreductible a las carac
terísticas "espirituales" del movimiento en su con
junto. La "época" se expresa sin duda en Martí, perc
no con el rostro crepuscular y decadente con que
aparece en Darío y los suyos, sino más bien como "la
hora de los hornos", de la brega y la fragua. ¿Que
hacer entonces?

Afirmar que la esencia ontológica y poética de una
época se vio desvirtuada en Cuba por la interferencia
de ciertas circunstancias políticas sería ir, *tout de
même,* demasiado lejos. El clima político actual de
América Latina impide, por otra parte, negar a Mart:
la condición de escritor o simplemente ignorarlo. A la
crítica no le queda más que dar marcha atrás, dejar
de lado las grandezas "agonistas" y tormentos "meta
físicos" que por un momento había atribuido al mo
vimiento modernista y volver a convertirlo en una
simple cuestión de "estilo". El propio prócer aparece
entonces como el modernista por antonomasia, fun
dador de una prosa "musical y cromática" que sería
el rasgo definitorio del período. Con lo cual, el círculo
vicioso de la crítica tradicional nos retrotrae al punto
de partida.

Podría extenderme largamente sobre este asunto
mostrando los callejones sin salida en que forzosa

mente desemboca aquel tipo de crítica, pero no es tal
ni propósito. Prefiero, pues, abordar directamente
el problema desde otra perspectiva, para lo cual tomaré como punto de referencia una de las pocas obras
(al menos recientes) en que el modernismo es siste-
máticamente estudiado en términos histórico-sociales:
me refiero al libro *Rubén Darío y el modernismo
(circunstancia socieconómica de un arte americano)*,
del crítico uruguayo Ángel Rama,[3] obra rica en plan-
eamientos y sugerencias que merecen una cuidadosa
reflexión, tendiente a ampliarlos, matizarlos o señalar
lo que tienen de controvertibles.

Rama sabe perfectamente que el proceso de implantación y desarrollo del capitalismo en los países
latinoamericanos es un fenómeno inseparable de la
evolución del capitalismo en escala mundial, que ha
alcanzado ya, en los dos últimos decenios del siglo
XIX, su estadio imperialista; y está consciente, asimismo, de las múltiples consecuencias que ello tiene en
todos los órdenes de la vida social, incluido el de la
cultura. En el nivel de mayor generalidad, su trabajo
se consagra, por lo mismo, a la exploración de este
problema.

Para Rama, la expansión del sistema capitalista
hacia las zonas periféricas, "demoradas en estructuras
artesanales y casi feudales", y la incorporación de éstas
al ámbito del capitalismo mundial establece, en primer lugar, una *relación de tipo neocolonial* entre países metropolitanos y áreas periféricas, relación que
determina, en el nivel más amplio, el marco estructural dentro del cual tiene que manifestarse el "afán

[3] Ediciones de la Biblioteca de la Universidad Central de
Venezuela, col. Temas, núm. 39, Caracas, 1970. Todos los números de página que en adelante colocaré junto a las citas
de Rama corresponden a esta edición.

autonómico" que, junto con las trasformaciones eco
nómico-sociales de las formaciones latinoamericana
impulsará la renovación de las letras regionales.

Se trata, pues, de un proceso complejo, cuyo prime
efecto en el ámbito cultural consiste en la tendenci
a la "universalización" de éste. Al incorporarse ple
namente al capitalismo, y por consiguiente a la cultur
"universal", América Latina se hace partícipe, segú
Rama, de la honda "crisis espiritual" que generan, e
los países centrales como en los periféricos, las pro
fundas trasformaciones económicas, sociales y poli
ticas que acompañan al advenimiento de la fase impe
rialista del capitalismo. Esto, no sólo por el afán d
las élites latinoamericanas de participar en el concierto
de una cultura occidental ahora más cercana a la
zonas periféricas gracias a la intensificación de los in
tercambios materiales y culturales, sino también por
que el avance del modo de producción capitalista e
tierras americanas tiende a romper las estructuras tra
dicionales de esta área, unificando al mismo tiemp
su cultura bajo un nuevo signo:

(Si) el modernismo hispanoamericano es parte de es
"crisis mundial", lo es en la medida y en el grado en qu
la expansión imperial de las potencias industrializada
europeas va modelando a los países del continente co
las formas económicas y sociales de su organización cap
talista (p. 26).

Y no se trata sólo de esto. Según Rama, aque
proceso de homogeneización se ve facilitado por e
hecho de que, dada la relación neocolonial que vincu
la a los países periféricos con los centros hegemónicos
son los valores de la metrópoli los que a la postre s
imponen, relegando a un plano secundario y en tod
caso subordinado a los elementos culturales de ori

gen local. Es lo que el autor explica del modo siguiente:

Acababan de ponerse en íntimo contacto las grandes potencias económicas en pleno desarrollo industrializador con las comarcas marginadas, demoradas en estructuras artesanales y semifeudales. El cotejo de valores debía producirse fatalmente; el afán de integrarse y equipararse a los niveles de cultura y holgura económica de los europeos se produjo como era previsible; la desvalorización de los productos nativos respecto de los productos extranjeros fue una de las consecuencias primeras, en varios sentidos explicable; la desvalorización de la creación artística tradicional del continente respecto de los* productos de más afinada elaboración originarios de Europa fue otra (pp. 112-113).

De esta suerte se explica la ruptura —relativa— de las letras hispanoamericanas con respecto a la tradición española, o al menos el hecho de que España, que ve entonces desaparecer el último bastión de su imperio colonial y se descubre prácticamente al margen del impulso tomado por el capitalismo, deje de proporcionar *modelos* a los escritores latinoamericanos, y que Francia —entonces centro cultural del mundo occidental— se convierta en su principal eje de referencia.

Y es que, tras la intensificación del comercio material, los escritores latinoamericanos entran en íntimo contacto con los valores culturales europeos, principalmente en las grandes ciudades portuarias del sur de América: Valparaíso, Montevideo, y sobre todo Buenos Aires. Fenómeno que Rama ilustra citando este texto de Gustavo Beyhaut:

El crecimiento urbano se verá, pues, acompañado de una ráfaga de europeísmo. La producción industrial europea, estandarizada y uniforme, destruye las artesanías locales. De Europa venían los veloces vapores cargados de maquinaria para la producción y el trasporte de mercaderías a bajo precio. ¿Por qué no adoptar entonces los muebles y vinos de esa procedencia, la moda de París? La pasividad intelectual de las élites locales, acostumbradas a tomar sus elementos de civilización de las potencias colonizadoras, seguirá inspirándose en el viejo continente, aunque ahora miren preferentemente a Francia. Una verdadera fiebre civilizadora —en verdad improvisada y superficial— trata de cubrir con un aspecto europeo aquellas regiones en vertiginoso ritmo de progreso económico y demográfico (p. 32).

Ahora bien, por su carácter repentino y sumamente acelerado, la ampliación de los intercambios materiales y culturales no siempre permite una asimilación pausada y coherente de los modelos europeos: así se explicaría el carácter "sincrético" de la estética modernista y la índole a menudo "abarrotada" de su producción:

En los hechos se produce una repentina superposición de estéticas. En el período de las dos últimas generaciones, la de 1880 y la de 1895, encontramos reunidos el último romanticismo, el realismo, el naturalismo, el parnasianismo, el simbolismo, el positivismo, el espiritualismo, el vitalismo, etc., que otorgan al modernismo su peculiar configuración sincrética, abarrotada, no sólo en cuanto período de la cultura, sino, inclusive, en el desarrollo de la obra de los escritores individuales (p. 42).

Hasta aquí, Rama analiza un proceso de "universalización" que es casi sinónimo de una asimilación vertiginosa de los valores y pautas de los nuevos centros hegemónicos del capitalismo por parte de las élites latinoamericanas, "modernistas" incluidos. Sin embargo, el autor no considera al movimiento modernista como el efecto cultural de un nuevo tipo de dependencia, sino que ve más bien en él la prolongación de los movimientos independentistas de principios del siglo XIX en el plano de la cultura y en particular en el de la literatura. El modernismo responde, según Rama, al "afán de autonomía" de las recién conformadas naciones latinoamericanas, no sólo frente a la antigua metrópoli, mas también frente a los centros hegemónicos que surgen con la reciente expansión capitalista-imperialista:

El fin que Rubén Darío se propuso fue prácticamente el mismo a que tendieron los últimos neoclásicos y primeros románticos de la época de la independencia: la autonomía poética de la América española como parte del proceso general de libertad continental, lo que significaba establecer un orbe cultural propio que pudiera oponerse al español materno, con una implícita aceptación de la participación de esta nueva literatura en el conglomerado mayor de la civilización europea, que tenía sus raíces en el mundo grecolatino (p. 5).

En la medida en que poetas como Rubén Darío lograron no solamente "igualar" sino también "rebasar" y hasta servir de modelo a la producción poética contemporánea de España, ocupando un lugar destacado en el concierto de la cultura universal, merecen según Rama ser considerados como los fundadores de la primera independencia cultural de América Latina, ya que toda la anterior

...historia de la cultura hispanoamericana, salvo escasos focos indígenas mayoritariamente condenados al folklorismo —tanto vale decir, al remedo del pasado consolidado—, (no ha sido más que, F. P.), la sombra obediente de la historia de la cultura europea (p. 20).

Refutando a Marinello, quien afirma en sus *Ensayos martianos* que "el movimiento capitaneado por Rubén Darío fue un fenómeno americano aunque no en servicio de nuestros pueblos" y nada más que "el vehículo deslumbrante de una evasión repudiable, el brillante minero de una grieta desnutridora", Rama enfatiza:

Estuvo el modernismo al servicio de los pueblos en la medida en que comprendió la necesidad de apropiarse del instrumental, las formas y los recursos literarios de la literatura creada al calor del universo económico europeo, y fracasó en la medida en que su deslumbramiento ante la nueva manufactura le condenó, y sólo parcialmente, muy parcialmente, a la actitud servil imitativa (...) Pero sin duda no resultó "grieta desnutridora": ninguna poesía moderna puede prescindir de la aportación del modernismo, que estableció las bases de una creación autónoma y vigente; nutre la poesía posterior, le permite vivir y desarrollarse (pp. 124-125).

Inútil tratar de zanjar aquí esta controversia, en la que visiblemente los contendientes no hablan de lo mismo: Marinello enjuicia al modernismo como un todo, en el que representación del mundo y estilo son dos aspectos inseparables de un único fenómeno, mientras Ángel Rama se refiere exclusivamente a la apropiación de un "instrumental" que *de hecho* ha pasado a formar parte del acervo retórico de la poesía latinoamericana. Más importante me parece, por el momento, continuar examinando las reflexiones de Rama sobre la nueva situación del escritor y de la producción intelectual dentro del contexto creado por el desarrollo del capitalismo en América Latina durante el último tercio del siglo XIX.

A este respecto, Rama señala en primer término un hecho muy importante, que consiste en la *mayor divi-*

sión del trabajo, incluso intelectual, que se traduce, si no por una profesionalización del escritor, al menos por su especialización. En efecto:

Con el movimiento modernista dentro del cual se sitúa Darío, comienza, si no una profesionalización del artista, que por el momento era impensable, una especialización que la incipiente complejidad de algunas sociedades hispanoamericanas acarrea, al generar personalidades consagradas a esa multiplicidad de tareas que antes recaían sobre el "vate" (p. 8).

Acentuación de la división del trabajo intelectual que conlleva "una pérdida de la visión totalizadora, unificadora e interpretativa de la actividad humana" y el abandono por el arte de su tradicional función educativa e ideológica. Así

...desapareció la tarea pedagógica —que nos había dado odas sobre las ventajas de la vacuna y sobre las reglas de comercio—; desapareció la tarea de ilustración que describía la nueva geografía americana con un esfuerzo de apropiación intelectual del contorno; la tarea histórica que estaba destinada a intensificar la vinculación con un pasado nacional para generar la idea de nación en una masa recién descolonizada; la tarea religiosa que predicaba con ejemplos poéticos las verdades del catolicismo o que en los grandes poemas (*Tabaré*) se alzaba a la explicación metafísica del hombre americano; la tarea jurídica de adoctrinamiento en los principios del Estado, y desde luego la contribución cotidiana de la poesía a la vida íntima de los hombres, fortaleciendo en ellos el concepto de la familia —poemas a los nacimientos, las bodas, los duelos, los triunfos—, etc. *Lo que el poeta abandona es la multiplicidad de funciones que justificaban y explicaban, más allá de la excelencia artística posible de sus obras, su lugar en la vida social y su papel histórico dentro de una determinada comunidad tradicional* (p. 45, el subrayado es mío).

Es por supuesto falso que la poesía latinoamericana hubiese abandonado en este período ciertas tareas "históricas", en el sentido en que Rama emplea el término, o que el poeta hubiera dejado de cantar los nacimientos, las bodas y los duelos (¡no hay sino que revisar la obra de Darío!), cosa que por lo demás nunca sirvió para robustecer el concepto de familia, sino que fue una de las formas feudales de instrumentalización del arte. No obstante, Rama apunta hacia un problema real, que si bien no consiste en el predominio de la "excelencia artística" (?) sobre las funciones ideológicas de la literatura, sí implica en cambio una redefinición de éstas. Redefinición necesaria aunque sólo fuese por el hecho de que en ese momento las esferas correspondientes a las ideas económicas y políticas se han desprendido ya del conjunto religioso, filosófico y literario que antes ofrecía una interpretación global del mundo, para constituirse en regiones autónomas ("científicas") que responden de manera más pragmática a las exigencias planteadas por la transición al capitalismo. En este sentido Rama tiene razón al señalar cómo el surgimiento de una sociedad abiertamente orientada hacia el lucro y dedicada a las tareas de reorganización del Estado en función de las nuevas condiciones imperantes, contribuye a relegar ciertas formas de arte a un plano relativamente secundario:

En los hechos (la burguesía, F. P.), se desinteresa de la producción estética cuyo uso ya no parece entender, como antes, dado que ha creado un universo regido por la eficiencia y la utilidad, destinado a la manipulación de la naturaleza, en el cual no sabe cómo y para qué puede entrar un poeta. En cierto sentido es una conducta coherente: en ese mundo regido por la fabricación y apetencia de las cosas, los principios de competencia, la

ganancia y la productividad, el poeta no parece ser una
necesidad. Por lo demás éste así lo siente, y agudísima-
mente (p. 56).

La vía oligárquica de desarrollo del capitalismo no
se caracteriza, como ya lo vimos, por una revolución
de las relaciones hombre-naturaleza; incluso pudiera
decirse, desarrollando una opinión de Mariátegui, que
la clase hegemónica de este proceso tiene el concepto
de la renta y su disfrute, antes que el de la producción,[4] hecho que la estética sensualista de los "modernistas" —que en última instancia es una estética
del consumo— no deja de reflejar. Así y todo, es cierto
que el avance de la economía de mercado va imponiendo un "pragmatismo" y un "prosaísmo" cada vez
más acentuados, que hacen que el escritor (concretamente: el poeta) de corte tradicional tenga la sensación de haberse convertido en un ser marginal, especie
de paria ante el cual la sociedad ni siquiera se limita
a ostentar su indiferencia, sino que le manifiesta una
franca hostilidad. Situación que Rama describe sin
la debida distancia crítica, atribuyéndole un verdadero patetismo:

En las últimas décadas del xix y comienzos del xx, en
ese período propiamente modernista que se cierra en 1910,
no sólo es evidente que no hay sitio para el poeta en
la sociedad utilitaria que se ha instaurado, sino que
ésta, al regirse por el criterio de economía y el uso racional de todos sus elementos para los fines productivos
que se traza, debe destruir la antigua dignidad que le
otorgaba el patriciado al poeta y vilipendiarlo como una
excrecencia social peligrosa. Ser poeta pasó a constituir

---

[4] "El capitalista, o mejor el propietario criollo, tiene el
concepto de la renta antes que el de la producción". José Carlos
Mariátegui, *7 ensayos de interpretación de la realidad peruana*,
Ed. Amauta, Lima, Perú, 1971, p. 34.

una vergüenza. La imagen que de él se construyó en el uso público fue la del vagabundo, la del insocial, la del hombre entregado a borracheras y orgías, la del neurasténico y desequilibrado, la del droguista, la del esteta delicado e incapaz, en una palabra —y es la más fea del momento— la del improductivo (p. 57).

Y Rama insiste:

Si no se comienza por establecer esta situación de rechazo de la creación artística por la estructura socioeconómica creada, será difícil entender esa soterrada convicción de que ellos, por libre y suicida vocación, decidieron rehusarse al servicio de la comunidad y encerrarse en bloqueadas torres de marfil (p. 60).

Problemas ciertos, todos estos (aunque con las reservas que más adelante formularé), y que no sólo remiten a la "imagen" degradada que ciertas esferas sociales se forjaron del poeta, y al rechazo consiguiente, sino también a un proceso real de comportamiento "marginal". Rama apunta que:

Muchos (de los "modernistas", F. P.), asumen la mirada congeladora que les dirige la sociedad como único medio de recuperar una cierta jerarquía de signo contrario, y son decadentes, borrachos, sucios, asociales, improductivos, en el sentido que el medio confiere a la palabra. En los hechos se oponen a la sociedad negando con sus vidas los principios que la sustentan (p. 59).

Comportamiento que a mi juicio mal puede ser interpretado en términos de simple respuesta a aquella "imagen", sino como un fenómeno típico de descomposición de los sectores decadentes o estructuralmente débiles en *todo* período de transición.

En fin, Rama señala que la situación del escritor finisecular se ve sustancialmente modificada por la *generalización de la economía de mercado,* que trasforma todos los productos de la actividad humana, incluso el arte, en mercancía. De suerte que, al mismo tiempo que se ve privado por la burguesía de su tradicional función ideológica, y con ella también de los privilegios de que antes gozaba, el poeta se ve obligado a entablar una *relación de tipo mercantil con un público hipotético y desconocido.*

Además, en sociedades donde pese a todo el desarrollo del capitalismo es incipiente —dada su reciente implantación—, no existe aún una industria editorial susceptible de proporcionar a los escritores los medios necesarios para su subsistencia. Los poetas se ven por lo tanto obligados a buscar otras fuentes de ingresos, y gran parte de ellos la encuentran en la actividad periodística, que cobra entonces gran auge, por lo menos en los mayores centros urbanos de México, Chile, Uruguay y Argentina. Hecho muy importante, incluso en el plano de la creación poética, pues, aunque la mayor parte de los modernistas se esforzó por deslindar cuidadosamente dicha creación de la labor periodística, el contacto más inmediato con la realidad cotidiana que supone el periodismo no dejó de influir sobre los temas y las formas poéticas, tal como Rama lo demuestra con análisis finos y detenidos (cf. p. 67 *ss.*).

A todos estos factores, que en sí mismos son ya suficientes para modificar la situación del escritor en la sociedad, hay que añadir —siempre según Rama— un importante elemento que determina tanto la percepción que de su propia situación tuvieron los artistas, como las formas de arte con las que buscaron integrarse a la nueva sociedad: se trata del *liberalismo,* con su *individualismo subjetivista,* que articula a nivel ideológico la percepción de las relaciones sociales ins tauradas por el capitalismo y la correlativa generalización de los intercambios mercantiles.

Ángel Rama observa que la amplitud y profundidad alcanzadas por la "revolución" modernista en los distintos países de América Latina están en relación directa con el avance del capitalismo y su capacidad para romper las estructuras tradicionales de cada uno de ellos. Así se explicaría el carácter limitado de la primera fase del movimiento (1875-1895), que se inicia en Cuba (Martí, Casal) y México (Gutiérrez Nájera), donde según el crítico uruguayo, por más temprana la trasformación capitalista encuentra mayores resistencias económicas y políticas de las estructuras tradicionales; y su florecimiento en el Río de la Plata en la segunda fase (1895-1910).

Refiriéndose a las afirmaciones de Julio Saavedra Molina, quien establece una estrecha relación entre liberalismo y modernismo, Rama reconoce "la dependencia de la literatura respecto a la trasformación que el liberalismo impone a los países hispanoamericanos", pero subraya que:

Más que a la acción de un dogmatismo de tipo político, debe apuntarse a la mayor o menor posibilidad de éxito del sistema liberal en tierras americanas. Donde se impone con decisión, también se intensifica la corriente modernista; donde zozobra como en la reacción antibalmacedista, en Chile, o donde se entorpece, como en las indecisiones y dificultades a que se enfrenta México en la primera década del siglo, el movimiento modernista disminuye su vigencia y violencia, aunque compensa su alejamiento del modelo europeo con un intento tímido de nacionalización (p. 31).

Rama apunta por lo tanto a una estricta correspondencia entre el desarrollo del capitalismo, el de la ideología liberal en el plano político y del individualismo subjetivista que, según él, caracteriza al arte "modernista" (tal como caracterizó, unas pocas décadas antes en Francia, al arte simbolista y parnasiano).

Sin embargo, la respuesta artística y vital de los modernistas a la situación arriba descrita es compleja y hasta podría decirse que involucra una notoria contradicción, destacada con nitidez en los análisis de Rama.

De una parte, la actitud modernista expresa una evidente hostilidad al "materialismo" burgués, "materialismo" que para los modernistas resume el pragmatismo y el apetito de lucro de una burguesía fundamentalmente inculta, frente al cual ellos se erigen en guardianes del "ideal" y la "belleza" eternas:

La religión del arte es la forma ideológica de la especialización provocada por la división del trabajo, en un momento en que ha quebrado el público real. Y el idealismo renaniano y el esteticismo, los únicos asideros autónomos que en primera instancia descubren los poetas como territorios propios que les permitan justificarse y redefinir su función social (p. 48).

De ahí la exacerbación de esa actitud aristocratizante supuestamente destinada a preservar los valores "eternos" del "Arte" y la "Belleza" frente a la "mezquindad" del medio ambiente; actitud que constituye un desesperado esfuerzo por salvaguardar la función específica de una categoría social tradicional amenazada por el avance del modo de producción capitalista.

Por otra parte, cuando no renuncian simplemente a su vocación poética para dedicarse a tareas más lucrativas o se refugian dolorosamente en el regazo familiar como José Asunción Silva, los modernistas buscan formas de adaptarse —aunque tratando siempre de

preservar sus ideales de aristocrática belleza— a las
exigencias de la nueva estructura socioeconómica.
Convierten el ejercicio del arte en el tema central de
su creación y hacen suyas, según Rama, las normas
de la ideología liberal con el correspondiente individualismo subjetivista, fundando su arte en la originalidad y la novedad, trasposición literaria de los principios de la libre competencia que rigen la producción
material y el mercado capitalista:

Cuando Darío ingresa a la literatura, el liberalismo se
ha impuesto ya en tierras americanas y su funcionamiento en el plano literario establece esta única ley de
oro: "Sé tú mismo" (p. 17).
  La subjetivación refuerza el criterio de la desemejanza
de los hombres, abre el camino hacia la originalidad como
principio —o como incendio— de la creación, y aspira a
que ella, funcionando como verdadera "patente de fabricación", sea preservada de toda imitación, resulte irre-
petible en el mercado (p. 16).

Ahora bien, aunque la exasperación del yo individual y subjetivista constituya el principio central de
la estética modernista —sirviendo en gran medida
de garantía del valor del producto—, ese individualismo se da dentro de ciertos límites y con modalidades
precisas. La subjetividad individual se ve en primer
lugar contrarrestada por la propia concepción de la
belleza, derivada de un ideal fijo y estático de armonía universal, ideal que, a juicio de Rama, no sólo
corresponde al afán de preservar la "Belleza" frente
al "materialismo" imperante, mas también a la general cosificación de las relaciones humanas:

Esos valores absolutos encarnan cómodamente en objetos, de conformidad con la generalizada cosificación de

as formas de vida: ya objetos de uso, ya objetos indus-
riales, ya objetos de arte (p. 113).

Y hay un límite más a ese individualismo: el neo-
colonialismo económico y cultural, que instituye a los
modelos europeos en modelos absolutos:

La disyuntiva dariana responde a una ideología, previa-
mente asumida, que rige de modo subrepticio su creación.
Determina que la esfera del arte alcanza su acrisolada
pureza mediante la trasmutación de lo cotidiano y la am-
putación de sus impurezas. Es no sólo una actitud personal, vergonzante, es una actitud social que establece
la inferioridad generalizada del hombre latinoamericano
respecto a los hombres europeos, concepción que obviamente pertenece a éstos, que éstos impusieron y que
sirvió como instrumento de la tarea neocolonizadora que
se propusieron en la segunda mitad del xix (p. 112).

En consecuencia, no se trata tanto para los modernistas de sumergirse *au fond de l'inconnu pour trouver
du nouveau,* rompiendo con todas las normas sociales
y estéticas establecidas, sino de buscar una refinada
elaboración y perfección formal que, por una parte
lleven el sello inconfundible de su creador y, por
otra, confieran al objeto el sello de la belleza absoluta. De esta manera:

La obra de arte se ofrece como una imagen fija, in-
conmovible, como el auténtico objeto que ya es. Su vocación más tenaz es la de devenir ahistórica, escapar a la
urdimbre temporal en que nació para revocar el tiempo,
y la emoción que concita es la de índole eternal (p. 117).

La poesía modernista se caracteriza entonces más
que por una profunda renovación temática por el
considerable afinamiento y enriquecimiento del instrumento poético.

Ahora bien, este enriquecimiento es ante todo de carácter culto o culterano. Consiste principalmente en incorporar a la poesía latinoamericana todos los elementos mitológicos de la tradición grecolatina ("arquetipos" en términos de Rama); así como en enriquecer el idioma, sea revivificando la tradición culta española, en particular la de la poesía de los Siglos de Oro, sea incorporando giros o vocablos gálicos, "para producir chispa, con el acero del estilo, en esa piedra de la vieja lengua, enterrada en el tesoro escondido de los clásicos", según la fórmula del propio Darío.

Obviamente tales preocupaciones no llevan, sino en una medida bastante reducida, a una aprehensión más concreta de la realidad circundante, y en particular de la realidad americana, ya que el ideal de belleza que preside la elaboración poética no sólo conlleva el menosprecio de lo americano frente a lo europeo, sino también una elisión y "trasmutación poética" de lo cotidiano,

...trasmutación... de extraordinaria tenacidad, que sitúa toda experiencia concreta, realmente sentida y vivida, en un universo poético impecable, donde se disimula la sensación de lo inmediato por obra de la melodía y de la suntuosidad lexicográfica (p. 106).

De modo que la experiencia concreta —no libresca— no penetra sino muy subrepticiamente, y siempre travestida, en la poesía modernista. Sin embargo, Rama, al comparar detenidamente la poética romántica con la modernista, encuentra en esta última una mayor precisión enunciativa, una mayor concreción en la aprehensión del objeto externo, "real o cultural", al menos en cuanto a sus contornos sensibles. Dicha evolución se debe, a juicio de Rama, en gran medida a la influencia del periodismo sobre el quehacer lite-

rario de los poetas modernistas, pero sobre todo a la
índole misma del sistema económico imperante:

Si dentro del modernismo el poeta comienza su toma de
contácto más austera con la realidad, es en buena parte
debido a que el nuevo sistema económico generaba una
relación con ella mucho más estrecha y lo fuerza a su
utilización rigurosa, como en general fuerza a los distintos estratos de la sociedad a una cuidadosa y racional
utilización de los materiales fabricados por el hombre (desde los utensilios de mesa hasta los ferrocarriles) tendiendo,
simultáneamente, a desacreditar los elementos naturales.
El aprovechamiento de los recursos que brinda la naturaleza postula una servidumbre cada vez mayor del hombre que se inicia en el régimen de prestaciones de la
sociedad actual. El poeta modernista no será una excepción dentro de este proceso general (p. 42).

Tal como puede comprobarse a través de esta apre-
tada síntesis, el estudio de Rama es extremadamente
rico y sugestivo para quien se interesa en el análisis
sociológico del modernismo y, en general, del desarrollo de la cultura latinoamericana en este período.
Sin embargo, quisiera formular ahora algunas reservas o matizaciones con respecto a ciertos planteamientos.

Confieso, para comenzar, que me resulta un tanto
difícil reconstituir la línea de pensamiento mediante
la cual un hecho como el paso del orden colonial a
un orden semicolonial, con la correspondiente sustitución de una metrópoli por otra u otras (España por
Francia, Alemania, Inglaterra, etc.), hecho que se
refleja en el terreno de la cultura por un desplazamiento análogo (paso de la influencia española a la
influencia francesa, por ejemplo), pueda ser interpretado como un movimiento "autonomista" o "independentista".

Como ya lo señalé en esta misma investigación (capítulo 3), la tendencia "europeizante" o "cosmopolita" de la cultura dominante de América Latina en el período 1880-1910 no es sino el trasunto de un movimiento histórico más general y profundo, que en última instancia remite al abandono de una vía capitalista-nacional de desarrollo, así como al predominio de un sector oligárquico que, al bloquear temporalmente la perspectiva democrático-burguesa de trasformación social, obstruye *du même coup* el desarrollo de una cultura de raíces nacionales y populares, que sólo empezará a gestarse en el período "posmodernista", impulsada por el ascenso de las luchas de masas.

Por eso —y es la tesis que trataré de demostrar más adelante— las mismas reacciones "antiburguesas" de los poetas "modernistas" no provienen de una perspectiva democrática (salvo en el caso de José Martí, que de "modernista" no tiene finalmente más que ciertos rasgos "estilísticos"), sino más bien de una visión aristocratizante y pasatista, arraigada en los valores señoriales todavía vigentes en los sectores "rezagados" de la clase dominante. Incluso sus intentos de rescate de lo "nacional" o "autóctono" (piénsese en *Alma América* de Santos Chocano, por ejemplo) no revelan la presencia de una tendencia realmente autumista, sino que forman parte de ese movimiento pendular que el propio juego de contradicciones sociales impone a la cultura oligárquica, cuya vocación "cosmopolita" es perfectamente compatible con el forjamiento de un abolengo mítico, que bien puede surgir, como en la obra de Darío, de las ruinas de Palenke o de la evocación estilizada del "inca sensual y fino". En el plano de la cultura como en el de las demás esferas de la vida social, el momento "nacionalista" o de "autoctonía" no es más que un elemento subordinado, que refleja la búsqueda de mejores condiciones de *inserción* de la oligarquía en el sistema capitalista mundial.

Es cierto que en el razonamiento de Rama parece primar el criterio de que esa "autonomización" consistió en el arribo de América Latina a una suerte de mayoría de edad literaria que le permitió producir obras a la altura de las españolas y hasta superiores a ellas. Sólo que, a mi parecer, este criterio muestra más cierta dependencia de la crítica latinoamericana con respecto a las pautas y valores metropolitanos, que la "autonomía" cultural supuestamente conquistada por los modernistas. En este sentido encuentro mucho más matizada una opinión como la del crítico español Federico de Onís, por ejemplo, quien pese a sostener una tesis similar a la de Rama en cuanto al modernismo, introduce por lo menos un criterio de relatividad al señalar que obras precedentes como *Facundo* o el *Martín Fierro* no eran obras "inferiores" en sí, sino de acuerdo a ciertos puntos de vista europeizantes o europeos:

El apartamiento inevitable de los modelos europeos, que en el siglo xix se manifiesta en obras producto de la tierra y la sociedad americanas, dio nacimiento, es verdad, a formas de literatura como la política y la gauchesca, que aunque produjeron obras como el *Facundo* y el *Martín Fierro*, que hoy consideramos las creaciones superiores de la literatura americana, en su tiempo eran miradas como formas inferiores y casi ajenas a la literatura culta de tipo europeo, en gran parte olvidada hoy. En cambio, el movimiento literario que, independientemente de España, crearon entre 1882 y 1896 los primeros modernistas del norte del ecuador, influyó decisivamente no sólo en el resto de América sino en España.[5]

[5] "Sobre el concepto de modernismo", en *Estudios críticos sobre el modernismo,* ed. cit., p. 39.

En todo caso, estimo fundamental insistir en que el problema de la autonomización de una cultura no es algo que pueda plantearse en abstracto ni realizarse por el solo "afán" de un grupo de escritores o artistas, sino que es inseparable de un proceso más profundo, de independencia *real* de la sociedad. Por eso, resulta tan arbitrario reprocharle a Darío el no haber hecho una literatura revolucionaria, como intentar convertirlo en abanderado de un movimiento independentista que estaba lejos de existir en el período oligárquico que él vivió. Distinto es naturalmente el caso de Martí; pero por eso mismo el prócer cubano logró *ver* el problema de la cultura latinoamericana en su justa dimensión:

No hay letras, que son expresión, hasta que no haya esencia que expresar en ellas. Ni habrá literatura Hispano Americana, hasta que no haya Hispano América. Estamos en tiempos de ebullición, no de condensación; de mezcla de elementos, no de obra enérgica de elementos unidos. Están luchando las especies por la unidad del género.[6]

No es del caso ahondar aquí en esta cuestión, que involucra una interpretación global del proceso de formación de la cultura latinoamericana. Prefiero, por lo tanto, proseguir con el análisis de otros temas importantes, como el de la generalización de la economía de mercado, la conversión del arte en mercancía y del artista en productor de mercancías, ya que los propios análisis concretos de Rama me parecen contradecir a veces sus afirmaciones teóricas de carácter más general.

Es desde luego cierto que durante el período "mo-

---

[6] *Obras completas* de José Martí, Ed. Trópico, La Habana, 1936-1953, vol. LXII, p. 98.

dernista" se registra un debilitamiento notable del sistema de mecenazgos y patrocinios de tipo precapitalista que permitía al escritor compartir, en cierta medida, los privilegios de la aristocracia terrateniente para la que escribía (cuando no era miembro de esta clase, caso también frecuente). Es verdad, asimismo, que en este período la economía de mercado tiende a expandirse y penetrar en todos los niveles del quehacer social, incluidas las actividades intelectuales para las que se desarrolla, como nunca antes, un sistema de compra-venta de "fuerza de trabajo". En fin, es evidente que todo ello implica una redefinición del estatuto del *escritor* y de su modo de inserción en la sociedad, incluyendo cierto grado de problematización de las relaciones entre él y el "público" lector. Esto no obstante, el problema parece ser bastante más complejo.

Conviene recordar, a este respecto, que el sistema de mecenazgos y patrocinios no desaparece por completo en este período y que, de hecho, el propio Darío publica sus obras poéticas gracias a la ayuda de pudientes amigos. No se trata por lo tanto de una extinción total de la institución del mecenazgo sino de un fuerte debilitamiento de la misma, en razón directa del decaimiento histórico de la aristocracia tradicional que la mantenía.

Además, el hecho mismo de que Darío publicara sus obras *con éxito literario mas no económico,* parece evidenciar dos cosas. Primero, que el tan socorrido desprecio de la poesía por parte de "la sociedad" fue un fenómeno relativo, cuya significación exacta es menester precisar. En efecto, una cosa es decir que la nueva oligarquía surgida del desarrollo capitalista específico de América Latina ascendió con sus propios ideólogos y "científicos", relegando a un

plano *relativamente* secundario a los "cantores" y
poetas (*al menos en determinado momento,* luego del
cual se rectificó el entuerto y los poetas proscritos
convirtiéronse en altos consejeros o embajadores de
aquella oligarquía); y otra cosa, muy distinta, pre-
sentar el problema en términos de una oposición entre "la sociedad" en su conjunto y "la poesía". Darío, por lo menos, tuvo en su vida un éxito literario
notable, que por sí solo demuestra la existencia de
sectores sociales bastante sensibles a su mensaje.

El fracaso económico de Darío muestra, por otra
parte, que el problema del momento tal vez no haya
consistido en que el arte se convirtiera en mercancía, sino más bien en la imposibilidad de que esto
ocurriese. En todo caso, me parece infundado inter-
pretar la actitud "modernista" en términos de una
reacción contra la conversión del arte en mercancía,
siendo que las declaraciones de los poetas de entonces
van casi siempre en sentido opuesto. Amado Nervo,
por ejemplo, plantea el problema de la siguiente
manera:

En general, en México se escribe para los que escriben.
El literato cuenta con un cenáculo de escogidos que lo
leen y acaba por hacer de ellos su único público. El
gros public como dicen los franceses, ni lo paga ni lo comprende, por sencillo que sea lo que escribe. ¿Qué cosa
más natural que escriba para los que si no lo pagan
lo lean al menos?[7]

Mi opinión es, pues, la de que los modernistas vi-
vieron en una *época de transición* en la que se había
debilitado *ya* el viejo sistema de mecenazgos, sin que
se desarrollara *aún* un verdadero mercado para los

[7] Cit. por Jean Franco en *La cultura moderna en América
Latina,* Ed. Joaquín Mortiz, México, 1971, p. 26.

productos literarios, mercado que sólo se conformará plenamente en América Latina en los años 60, como lo atestigua el famoso *boom*.

Esto no significa, desde luego, que la fuerza de trabajo intelectual no se hubiese convertido ya en mercancía en el período modernista. Tal cosa es verdad, como lo prueba el auge de las empresas periodísticas a las que muchos poetas se vieron obligados a "vender su pluma", sobre todo en las ciudades portuarias del sur del continente; pero no olvidemos que esos mismos escritores tuvieron buen cuidado de distinguir esta actividad de *gagne-pain,* de la que consideraban su actividad creativa más elevada.

El empeño en distinguir cuidadosamente la *actividad poética* (que por supuesto comprende también la prosa poética) de la *actividad periodística* responde a una multiplicidad de factores, que implica desde la supervivencia de valores señoriales hasta la voluntad de defensa del estatuto social del escritor y de la autonomía del quehacer artístico. Pero responde también a una *diferencia de públicos,* que el desarrollo de las capas medias tiende a acentuar cada vez más. Elaborado, refinado y *savant,* el producto de la primera actividad se dirige sobre todo a los sectores "cultos" de las clases altas, mientras que "las notas amenas, los comentarios de actualidad, la crónica social, los perfiles de personajes célebres o artistas, las descripciones de viajes de conformidad con la recién descubierta pasión por el vasto mundo, la crítica de espectáculos teatrales o circences", se dirigen a un público más elástico y tal vez más ambiguo, en todo caso menos culto (y cumple una función ideologizadora más directa). Aunque, como observa el propio Rama, la compartimentación entre ambas actividades —y también entre ambos públicos— nunca es tan

tajante: no hay que olvidar que la prensa fue el portavoz de la obra crítica y de la fama de un Darío.

Además, resulta interesante recordar que, frente a
los dos tipos de prensa que se desarrollan entonces,
la de carácter doctrinal, de estilo francés, dirigida a
un público más "selecto", y la de información, basada en la noticia y la sensación, de estilo norteame-
ricano, dirigida a los sectores medios de reciente
constitución, los escritores modernistas se consagran
a la primera, reinvindicando bien claro su condición
de *chroniqueurs* frente a los vulgares *reporters*.

Más adelante expondré las razones por las cuales
me parece sin embargo dudosa la atribución directa
del esteticismo de los modernistas a la nueva división
capitalista del trabajo. Por el momento, quisiera observar que incluso ese *individualismo* que Rama señala como ingrediente importante del fenómeno modernista, tal vez no se encuentre limitado únicamente
por los factores que él apunta (y cuyo peso no se trata
en modo alguno de negar).

En efecto, cabe preguntarse si la misma vía de
desarrollo del capitalismo en América Latina, que
como lo vimos en el capítulo precedente distó mucho de basarse en la libre competencia, era propicia
para la creación de formas históricas de individualidad comparables a las que se forjaron en Europa o
en los Estados Unidos como efecto de la fase com-
petitiva del desarrollo capitalista. Personalmente pien-
so que no y al menos en el campo literario no veo
ningún fenómeno que lo atestigüe.

De todas maneras, me parece necesario establecer
una clara distinción entre el *individualismo,* enten-
dido como predominio exacerbado del concepto ideológico de "individuo", y el *subjetivismo,* en el sentido de vuelta de espaldas a la realidad objetiva;

sobre todo cuando se trata de analizar una corriente literaria como el modernismo, donde lo segundo parece tan evidente como problemático lo primero. No olvidemos, en todo caso, que aun autores como Santos Chocano, quien en sus años mozos manifestó una marcada tendencia anarquizante, terminaron convirtiéndose a lo que Mariátegui denominó un "individualismo jerárquico":

La poesía de Chocano nos coloca, primero, .ante un caso de individualismo exasperado y egoísta, asaz frecuente y casi característico de la falange romántica. Este individualismo es todo el anarquismo de Chocano. Y en los últimos años, el poeta, lo reduce y lo limita. No renuncia absolutamente a su egotismo sensual; pero sí renuncia a una buena parte de su individualismo filosófico. El culto del Yo se ha asociado al culto de la jerarquía. El poeta se llama individualista, pero no se llama liberal. Su individualismo deviene un "individualismo jerárquico". Es un individualismo que no ama la libertad. Que la desdeña casi. En cambio, la jerarquía que respeta no es la jerarquía eterna que crea el Espíritu; es la jerarquía precaria que imponen, en la mudable perspectiva de lo presente, la fuerza, la tradición y el dinero.[8]

Individualismo jerárquico en la conciencia y actitud de muchos artistas, liberalismo oligárquico en el plano de la superestructura política, vía no revolucionaria de desarrollo del capitalismo en general: las aguas de la historia de la literatura de América Latina y las de su historia *tout court* mal podían avanzar por cauces enteramente distintos. Estoy, sin embargo, evocando el momento en que poesía y política se habían reconciliado ya, con el "fraternal" y significativo abrazo de Santos Chocano y Estrada Cabrera; mas toda reconciliación supone un conflicto previo y la histo-

[8] Mariátegui, *op. cit.*, p. 274.

ria del modernismo es en gran medida la historia de un conflicto y hasta de una "rebelión", aunque sólo fuese de carácter simbólico, como lo afirma Jean Franco. ¿Conflicto entre quiénes y rebelión contra qué?

Es en este punto donde quisiera formular mis mayores reservas con respecto a un hilo teórico que recorre todo el análisis de Rama y que consiste en considerar al "arte" como una práctica sin sujeto históricamente determinado que la produzca y a los artistas como representantes de una esfera dotada de sustantividad intemporal propia. Por esto, Rama no llega a plantear el problema del modernismo dentro de la concreta estructura de clases de este período, ni a reconstituir las tensiones y luchas que lo caracterizan; todo ocurre como si el enfrentamiento fundamental se hubiese dado entre "el artista" por un lado y el capitalismo por otro, sin que el primero tuviese raíces sociales de ninguna especie y como si los propios conceptos de "arte" y "artista" que se generan en aquel momento no fueran ya, en sí mismos, conceptos históricamente determinados que requieren una explicación.

Yo creo, en cambio, que para llegar a una comprensión multifacética del modernismo ni siquiera cabe pasar por alto datos tan elementales y "prosaicos" como este de que el movimiento estuvo alimentado en gran parte por elementos provenientes de sectores sociales a los que el rápido desarrollo del capitalismo condujo a la ruina, desplazó de sitiales elevados o al menos los convirtió en sectores "secundarios" de la clase dominante. Como observa Jean Franco:

La rueda de la fortuna giraba erráticamente y en su curso dejaba en la ruina a múltiples familias. El colombiano José Asunción Silva pasó parte de su vida adulta tratando de poner a flote los negocios de su familia, arruinada durante la guerra civil. Los padres de Leopoldo Lugones se vieron forzados a abandonar la hacienda familiar y a instalarse en Córdoba después de atravesar por graves dificultades financieras. A la edad de veinte años, Julio Herrera y Reissig había visto a su familia perder fortuna e influencia política. La familia de Julián del Casal se vio precisada a abandonar su pequeño ingenio azucarero debido al desarrollo en Cuba de las grandes empresas competitivas. Sería obsurdo sugerir que se hicieron poetas porque las familias perdieron su fortuna (en realidad hubo algunos ricos entre los modernistas, tales como el venezolano Manuel Díaz Rodríguez, 1871-1927), pero esos reveses ciertamente fortalecieron el odio a la sociedad contemporánea que fue constante en sus obras.[9]

En realidad, sería absurdo sostener que tales individuos se hicieron poetas *porque* sus familias perdieron fortuna o vinieron a menos en la estructura global de poder. Pero sí es legítimo preguntarse si la representación del mundo de estos escritores se constituyó únicamente a partir de su condición de poetas y como resultado de un conflicto entre "el arte" y el capitalismo, o si en la constitución de dicha representación no intervino *también*, como ingrediente importante, la situación histórico-social de determinada clase o sector de clase. En el límite, incluso me parece legítimo preguntarse si así como los sectores de punta del desarrollo capitalista de entonces generaron sus intelectuales orgánicos que fueron los *positivistas* y afines, otros sectores sociales no habrán generado también sus exponentes (menos orgánicos quizá) que eventualmente podrían ser los modernistas.

En todo caso el problema de las raíces sociales de este fenómeno literario tiene que ser examinado con

    [9] Jean Franco, *op. cit.*, pp. 27-28.

tanto mayor detenimiento, cuanto que los modernistas nos han legado una obra que es en gran parte el mito de sí misma. Nos han trasmitido, en suma, una representación de su relación con la realidad histórica que sin duda es decisiva para la conformación de su universo poético, pero que no obstante puede ser una representación de carácter ideológico en el sentido (marxista) de que ignora sus determinaciones sociales últimas.

Tales poetas, bien lo sabemos, definieron su sociedad como un mundo fútil y mediocre, regido por el más grosero "materialismo", y en el que por lo tanto no quedaba sitio alguno para la belleza artística. Ellos mismos se percibieron como marginados "aristócratas del espíritu", especies de vestales encargadas de alimentar el fuego sagrado del Arte. A la "prosa" de la vida cotidiana opusieron el mundo sublime de "la poesía", que automáticamente quedó constituida en esfera de los valores absolutos, definible por su solución de continuidad con la vida real.

Uno puede sentirse naturalmente tentado a aceptar esta versión de las cosas, "marxizándola" con comentarios como el de que "en realidad" el arte y el capitalismo son incompatibles, que el capitalismo es antipoético por naturaleza o que el artista productor de valores de uso se convierte "necesariamente" en un ser marginal en una sociedad regida por valores de cambio. Solo que, aun admitida la validez de estas aserciones, queda un cúmulo de problemas por dilucidar. Tomaré algunos ejemplos.

Primero, me parece indudable que la definición de un universo social como "mediocre" y "antipoético" supone la adopción de determinado punto de vista, es decir, de un concepto de cultura y una escala de valores que mal pueden darse al margen de cierta perspectiva social que en última instancia remite siempre a una *perspectiva de clase* y no a una simple cuestión de "época". La prueba es que Martí, que vivió la misma época, y no precisamente en una situación paradisiaca, pensaba que no era menester refugiarse en mundos refinados y lejanos para encontrar poesía:

En el mundo, si se le lleva con dignidad, hay aún poesía para mucho; todo es el valor moral con que se encare y dome la injusticia aparente de la vida; mientras haya un bien que hacer, un derecho que defender, un libro sano y fuerte que leer, un rincón de monte, una mujer buena, un verdadero amigo, tendrá vigor el corazón sensible para amar y loar lo bello y ordenado de la vida, odiosa a veces por la brutal maldad con que suelen afearla la venganza y la codicia. El sello de la grandeza es ese triunfo.[10]

Segundo, decir que los modernistas reaccionaron contra una sociedad "cosificada", en el sentido de regida por el dinero, es una afirmación demasiado general, que conviene precisar. Darío, según su propia confesión, estaba lejos de detestar el "vil metal":

En verdad, vivo de poesía. Mi ilusión tuvo una magnificencia salomónica. Amo la hermosura, el poder, la gracia, el dinero, el lujo, los besos y la música. No soy más que un hombre de arte.[11]

Que este hombre de arte distaba mucho de profesar una ética calvinista parece la evidencia misma; queda sin embargo el problema de saber si su concepción "versallesca" de la poesía (y de la vida) es una con-

---

[10] José Martí, *Antología mínima*, t. II, Instituto Cubano del Libro, La Habana, 1972, p. 344.
[11] "Los colores del estandarte", en *Poesías y prosas raras*, Santiago de Chile, Ed. Universitaria, 1938, p. 68.

cepción que corresponde a la "esencia" de la poesía y si puede ser tomada como una reacción "natural" contra el capitalismo.

Tercero, basta con leer *El rey burgués,* de Darío, para comprobar que los modernistas reaccionaron contra la situación del artista en las nuevas condiciones creadas por el desarrollo del capitalismo, pero no desde un punto de vista ahistórico y socialmente indeterminado, sino desde la perspectiva del escritor cortesano venido a menos. En efecto, dicho cuento no es otra cosa que la nostalgia del Mecenas perdido.

Cuarto, y tal vez fundamental: si uno toma la actitud vital de los modernistas, su representación del mundo y el arte que de ahí surgió como un efecto inevitable del capitalismo o como la única reacción "teóricamente" posible contra él ¿cómo explicar la actitud radicalmente distinta de un Martí?

La figura del prócer cubano ha venido perfilándose ya en este trabajo con posiciones harto diversas de las de un Darío, por ejemplo. Ahora quiero insistir en que no se trata de cuestiones secundarias o de variantes "personales" dentro de un universo "epocal" común; se trata de cuestiones de fondo, que abren un verdadero abismo entre los modernistas propiamente dichos y la personalidad y la obra de José Martí. Para comenzar, éste:

No fue un esteticista. No concebía la literatura como actividad de un especial órgano estético. Escribir era para él un modo de servir. Celebraba las letras por sus virtudes prácticas: la sinceridad con que desahogaban las emociones generosas del hombre, la utilidad con que ayudaban a mejorar la sociedad, el patriotismo con que plasmaban una conciencia criolla.[12]

[12] E. Anderson Imbert, *op. cit.,* p. 356.

Además:

...Pese a sus comunes decepciones y melancolías, y a una preocupación americanista, poco constante ésta en Rubén, separan a Martí y Darío no sólo un concepto antagónico de la realidad, sino una opinión totalmente antitética respecto a la prosa y a su función artística. (...) Martí, no comentaría como el vate nicaragüense: "Yendo una vez de Venecia al Lido, en uno de esos anti-estéticos vaporcitos, *útiles como la prosa*..." (...) El Maes-tro (o sea Martí, F. P.), no opone la prosa al verso, ni considera éste la encarnación máxima de la expresión ar-tística y estética. Dirá, por ejemplo, que "el lenguaje es humo cuando no sirve de vestido al sentimiento generoso o la idea eterna", pero tal pensamiento proviene de su concepción de la literatura como magisterio social, y re-fleja su consagración a la lucha revolucionaria, la cual moldeó no sólo su vida, sino la naturaleza de sus ideas en torno a la literatura. Para Martí, la prosa era una forma expresiva más difícil, y por ende, más meritoria que el verso: "El verso se improvisa, pero la prosa no; la prosa viene con los años"; "No hay música más difícil que la de una buena prosa".[13]

Incluso "la dicotomía que (Darío, F. P.), establece entre lo periodístico y lo artístico no priva en la obra martiana".[14]

Concepción distinta de la realidad; concepción di-ferente de la literatura; concepción también distinta de la función del lenguaje; actitud diferente ante la prosa y el periodismo; ¿qué va quedando entonces de común entre Martí y los "modernistas"? La mis-ma actitud frente a las literaturas extranjeras parece diferir entre un Martí convencido de que "conocer diversas literaturas es el medio mejor de liberarse

[13] Iván A. Schulman, "Resonancias martianas en la prosa de Rubén Darío (1898-1916)", en *Martí, Darío y el modernismo*, ed. cit., pp. 208-209.
[14] Schulman, *ibid.*, p. 209.

de la tiranía de alguna de ellas", y ciertos poetas para quienes el "afrancesamiento" es un signo más de aristocratismo:

Al contrario de lo que ocurrió a Nájera, a Darío y a otros corifeos del modernismo que se deslumbraron, y por algún tiempo dieron en el calco literal y en el afrancesamiento, en Martí el ingrediente francés, lo mismo que las esencias que de otras literaturas asimiló e insufló en la suya, sólo fueron ayuda y estímulo para el desarrollo de su propio intelecto y acicate para encontrar un estilo personal. Su mente y su espíritu eran demasiado vigorosos para convertirse en tributario de ninguna literatura, en neófito de ninguna doctrina, o en adepto de ningún confaloniero de las letras.[15]

Para no hablar de la concepción martiana del poeta como portavoz del pueblo, de las multitudes, concepción que es la antípoda exacta del elitismo de Darío y su escuela:

La poesía —escribe Martí— es a la vez obra del bardo y del pueblo que la inspira (...) Para andar entre las multitudes, de cuyos sufrimientos y alegrías quiere hacerse intérprete, el poeta ha de oír todos los suspiros, presenciar todas las agonías, sentir todos los goces, e inspirarse en las pasiones comunes a todos.[16]

En cuanto al estilo mismo, Martí partía de una concepción dinámica de él, opuesta al amaneramiento "marmóreo" de algunos "modernistas":

Otro amaneramiento hay en el estilo, que consiste en fingir, contra lo que enseña la naturaleza, una frialdad mar-

---

[15] Manuel Pedro González, "Martí, creador de la gran poesía modernista", en *Martí, Darío y el modernismo*, ed. cit., pp. 163-164.

[16] Martí, *Obras completas*, ed. cit., vol. xv, p. 18.

nórea que suele dar hermosura de mármol a lo que se
scribe, pero le quita lo que el estilo debe tener, el salto
del arroyo, el color de las hojas, la majestad de la palma,
a lava del volcán.[17]

Lo cual no es, desde luego, una cuestión mera-
mente formal. Si Martí habla de "fingir, contra lo
que nos enseña la naturaleza...", es porque no concibe al estilo como un fin en sí, sino como un instrumento que tiene que adecuarse a la índole del objeto
que debe expresar; objeto que posee siempre para Martí una naturaleza "volcánica", en permanente "ebullición" (no hago más que retomar sus metáforas favo-
ritas). De suerte que su concepción del estilo no es
sino la consecuencia de una *concepción dialéctica de la
realidad,* del mismo modo que los amaneramientos señalados son el trasunto literario de una representación
metafísica del mundo que se niega a morir, frecuente
en aquellos modernistas que "trataron deliberadamente
de lograr un efecto estático en sus versos, como si de-
searan detener todo tiempo y movimiento.[18]

En fin, quisiera recordar que aun a nivel de ciertos
rasgos formales Martí dejó de ser "modernista" (?)
en el preciso momento en que el modernismo de
Darío se consolidaba y adquiría una forma "definitiva"; esto es, hacia fines de la década de los 80:

(Martí) siempre refrenó su gusto por el arte puro —re-
nunciamiento en él más enérgico que en otros, pues estaba
espléndidamente dotado para la pura expresión artística—;
pero en los últimos años tiró tanto de la rienda que su
impulso hacia el arte fue deteniéndose. Al crecer su im-
paciencia por actuar —más o menos alrededor de 1887—
Martí empezó a repeler la literatura quintaesenciada y el

[17] Martí, *op. cit.,* vol. LXXIII, p. 30.
[18] Jean Franco, *op. cit.,* p. 38.

aprovechamiento de los "modernismos" europeos, especial-
mente del francés.[19]

Inútil seguir insistiendo en las múltiples "peculiari-
dades" del pensamiento y de la obra misma de Martí,
que sin duda se explican en razón del contexto histórico de Cuba, que atraviesa entonces por su etapa
independentista, caracterizada por un elevado nivel
de la lucha de masas. Esto está claro, como evidente
que mal podía producirse una literatura similar en
un contexto histórico distinto como el de los demás
países latinoamericanos. Y digo *distinto,* no en el sentido de que éstos fueran ya capitalistas y Cuba todavía no (cosa que sería falso afirmar), sino más bien
para señalar una cuestión de gran importancia teórica: el capitalismo, como cualquier otro modo de
producción, jamás existe históricamente como sola
estructura, sino siempre también como *proceso,* con
su nivel propio de lucha —incluso ideológica— de
clases, que es la que determina el carácter de cada
"contexto" y, con ello, las posibilidades de desarrollo
de tal o cual tendencia literaria.

En Cuba, lo acabamos de ver, el proceso independentista favoreció el triunfo de una *perspectiva popular* no sólo en el contenido sino incluso en la forma de la obra martiana (los *Versos sencillos,* por
ejemplo, son literatura popular en el mejor sentido
del término); mientras que en los demás países latinoamericanos una coyuntura caracterizada por el predominio total de la oligarquía —con aplastamiento
momentáneo tanto de la resistencia popular como de
los movimientos democráticos de los sectores medios—
determinó que en las letras se impusiese una *perspectiva aristocratizante* (que es la modernista propia-

[19] E. Anderson Imbert, *op. cit.,* p. 356.

mente dicha), en la que los mismos sentimientos anti-
burgueses no dejan de tener cierto resabio de fronda
señorial.

Sé muy bien que el proceso de configuración y desarrollo del modernismo es bastante más complejo de
lo que esta primera observación sugiere; pero, lo
que me interesaba destacar por el momento es sólo
una cosa: que resulta imposible realizar una interpretación de la literatura con prescindencia de la estructura y la lucha de clases en un momento dado,
y de los efectos que esto tiene en el nivel de la
superestructura ideológica de la sociedad en su conjunto. A la luz de esta perspectiva, incluso la interpretación de *l'art pour l'art* modernista como consecuencia inevitable de la división capitalista del trabajo
—que haría del artista un especialista en arte y nada
más— me parece cuestionable. En todo caso, es una
interpretación que no se compadece con *todo* el desarrollo posmodernista de las letras —e incluso de las
artes plásticas— hispanoamericanas. Y es que el modernismo no puede ser estudiado de otro modo que
como parte integrante del contexto oligárquico con
el que nació y también sucumbió.

5

LA PRÁCTICA POÉTICA DE RUBÉN DARÍO

Rubén Darío se inició temprano en el ejercicio de las letras, mostrando desde sus comienzos una notable fecundidad literaria. Por eso, cuando a los 19 años de edad decide abandonar su Nicaragua natal para dirigirse a Chile, en 1886, es ya todo un poeta de renombre. "Enfant terrible"[1] por su prodigio Darío dista mucho sin embargo de ser un rebelde o un poeta maldito; por el contrario, si algo llama la atención en su producción primera, es más bien esa empecinada voluntad de convertirse en la voz poética *oficial* de su país, a través de todos los canales instituidos para ello. En efecto, toda su poesía de esta etapa es una poesía *de compromiso,* en la que por igual se ensalza la belleza y el donaire de alguna dama de alcurnia, que las virtudes cívicas de tal o cual gobernante o héroe local. En muchos casos se trata, pura y simplemente, de poemas de circunstancias que celebran bodas, nacimientos o decesos, cuando no de composiciones directamente encaminadas a conmover el corazón de algún Mecenas ("La profecía de Horacio", p. e.). Curiosamente, el futuro corifeo del arte por el arte no hace otra cosa, en esta fase inicial de su carrera, que prolongar la *función*

[1] Título con que se ha recopilado una parte de sus primeros poemas en la edición de *Poesías completas,* Aguilar, Madrid, 1968.
Salvo indicación contraria, todas las páginas a las que remiten las notas siguientes son las de esta edición.

aunque no la forma) más tradicional de la poesía
atinoamericana, función cuyo origen arraiga, a no
udarlo, en un sustrato feudal y colonial. Inserto en
na rígida estructura social, en la que no hay mar-
en para la expresión de una individualidad en el
entido moderno del término, el poeta es, en ese
ontexto, necesariamente un *poeta de oficio*. Conoce-
or de la retórica, versifica por encargo o convenien-
ia, y mal puede ser un *poeta de convicciones* como el
ue surgirá posteriormente.

En razón misma de estas limitaciones, la poesía
írica de Darío es harto convencional en esta fase.
as composiciones recopiladas en *Sollozos del laúd* y
Álbumes y abanicos, p. e., no presentan otro interés
–aparte de la facilidad de versificación que demuestra
l joven Darío– que el de revelar la visión del mun-
lo señorial y cristiana que las sustenta y la función
ocial del poeta y la poesía que ello implica.

La imagen que de la mujer ofrece esta lírica es
a de un ser ideal e inaccesible, cuya belleza y virtud
on obra del Creador, o sea parte de una *armonía
niversal,* a la vez *natural* y *divina*:

ero más bella tú, tierna y donosa,
agaz y dulce, tímida y discreta,
orque Dios, con su mano portentosa,

l formarte, juntó en unión completa
 la hermosura de una blanca rosa
l pudor de una cándida violeta.[2]

El supuesto amor platónico que inspira esta poesía
–platonismo que es la contrapartida de la castidad
óbligada de la dama– es no sólo un tributo a la

[2] "A la señorita Josefina Dubon", *Álbumes y abanicos,* p.
112.

belleza y al rango, sino también la marca de una
distancia respetuosa y de la fidelidad y sumisión del
bardo ante un lazo afectivo tan ideal como desigual.
Por eso, la lírica dariana toma a menudo la forma
del canto a alguna "noble doncella" frente a la que
el poeta se erige en admirativo "vasallo", sin que el
sentimiento amoroso llegue a singularizarse o ahon-
darse. Todo ocurre, más bien, como si se tratase de
trasponer al plano de la ficción amorosa los lazos
de vasallaje que en la sociedad tradicional unían al
poeta con los sectores dominantes:

> Si caballero, mi dulce amiga,
> fuera de aquellos de arpa y loriga,
> banda de seda, cigarra de oro,
> lengua meliflua, cantar sonoro;
> y si tú fueras, amiga mía,
> de alto castillo la castellana...[3]

A falta de acentos personales y notas intimistas,
la poesía amorosa de Darío se constituye sobre la base
de un registro fijo de adjetivos y sustantivos abs-
tractos (divino, noble, hermoso, bello, precioso, puro,
casto; candor, ardor, gloria, verdad, inmensidad, profundidad) y de metáforas o símiles codificados de ante-
mano, en cuyo uso sólo se destaca como rasgo perso-
nalizado la predilección por todas aquellas imágenes
que evoquen el brillo y el lujo.

Es cierto, por lo demás, que el propio autor tiene
por momentos conciencia del registro convencional
en que se mueve:

> Salir, me decía yo,
> con cualquier verso que se hace

---

[3] "Serenata" (a Herminia Chamorro), *Álbumes y abanicos*,
p. 125.

a cualquier dama de pro,
es cosa que no me place,
y en tal caso, mejor no.[4]

Aún así, le resulta imposible romper con el cerco
de la convención, en la medida en que, a esta altura
tan temprana de su vida, Darío ha asumido ya un
papel social bastante definido: el de guardián de
cierta tradición. Incorporado ideológicamente al mundo de la gente "respetable" y "bien pensante", a
la que se dirige en última instancia *toda* su poesía,
el punto de vista de este vate que ni siquiera frisa los
20 años se sitúa en un *ayer*, desde el que condena
sin apelación el "ahora" y el "hoy":

Y todos tienen razón,
lo has de haber oído tú:
hoy tienen aceptación
muchachos de *rendez-vous*
y muchachas *sans façon*.[5]

Por eso, uno puede revisar toda la poesía amorosa
de Darío en este período, sin encontrar una plasmación real de ese "potro sin freno" juvenil al que el
poeta se referirá dos décadas más tarde, en sus *Cantos
de vida y esperanza*:

Potro sin freno se lanzó mi instinto,
mi juventud montó potro sin freno;
iba embriagada y con puñal al cinto;
si no cayó, fue porque Dios es bueno.[6]

En su "Carta abierta" (a Fidelina Santiago), p. e.,
Darío declara:

---

[4] "Cantinela" (a Celia Elizondo), *Álbumes y abanicos*, p. 115.
[5] *Op. cit.*, p. 118.
[6] *Cantos de vida y esperanza*, I, pp. 627-28.

No creo en el amor que es farsa loca,
     que corre y se desboca
con impura ansiedad y sin cautela;
no creo en el amor que no es sentido
     en ese amor fingido
de románticos héroes de novela.
. . . .
El amor debe ser para las almas
     ideal: las dulces calmas
del sentimiento, el corazón exige;
mas, por su parte, la cabeza impone
     y en sus leyes dispone,
que haber sustenta y reflexión dirige.[7]

Es pues un hecho que la poesía amorosa de la fase
a que venimos refiriéndonos parece más bien justificar esta pregunta que el poeta se formulara en los
propios *Cantos*:

Yo supe de dolor desde mi infancia;
mi juventud..., ¿fue juventud la mía?
sus rosas aún me dejan su fragancia,
una fragancia de melancolía...[8]

Si ese "ayer" en el que prematuramente se instala
Darío marchita o por lo menos formaliza su vena
lírica, lo vuelve en cambio extremadamente sensible,
desde un comienzo, a las nuevas formas de relación
social que han venido gestándose en los países latinoamericanos. La tendencia incontenible a convertir todos los valores de uso en valores de cambio, p. e., es
un fenómeno que de ninguna manera escapa a Darío:

Y otro señor caballero
me dijo en tono chancero:

---

[7] "Carta abierta" (a Fidelina Santiago), *Vaso de miel y mirra*, p. 149.
[8] *Cantos de vida y esperanza*, i. p. 627.

"Si tu lira es de oro, chico,
anda y véndela a un platero
en tantos duros y pico."

Y otra mujer, ¡y mujer!,
a quien dije que tenía
rizos de oro —¿lo has de creer?—,
dijo que los cortaría
y los pondría a vender.[9]

Cómo tampoco le escapa que:

... en este tiempo perverso
se preocupa el Universo
por la baja del café.[10]

Y el poeta que desde el trasfondo de su visión señorial admite como un hecho "natural" que el rango imponga una distancia en las relaciones amorosas, capta en cambio toda la degradación que implica la intervención del dinero en este campo:

Calma, pues, ¡oh mujer!, mi devaneo,
y no seas conmigo tan ingrata;
en ti la luz de mi esperanza veo

y tu mirar me enciende y me arrebata...
—Señor poeta, vaya usté a paseo;
¡otros hay que me ofrecen mucha plata![11]

Sería absurdo, sin embargo, extraer de todo esto la conclusión de que Darío comprendió el movimiento de la historia: la misma percepción pasatista desde la cual contempla el "ahora" y el "hoy" se lo impide:

Y como la gente ahora
toda es librepensadora

[9] "Cantinela" (a Celia Elizondo), *Albumes y abanicos,* p. 118.
[10] *Op. cit.,* p. 118.
[11] "Magna Veritas" (a Filis), *Vaso de miel y mirra,* p. 138.

porque es la moda del día,
se les antoja en buena hora
matar a la Poesía.[12]

Mas, ello no es óbice para que capte cierto "ma-
lestar", perciba algunos desajustes, e incluso se in-
quiete por esa enfermedad del "prosaísmo" que a su
juicio invade el mundo:

Y ¡cuánto a la sociedad
ha invadido el prosaísmo!
La maldita enfermedad
me hace, a veces, en verdad,
desconocerme a mí mismo.[13]

Si en los anatemas de las costumbres de "ahora"
hay mucho de clisé destinado a satisfacer la expecta-
tiva de quienes controlan los mecanismos del ascenso
social (de consagración, en este caso), en su lamen-
tación por el "prosaísmo" que invade a la sociedad,
hay en cambio una sentida preocupación por la suerte
del arte y en particular de la poesía:

Así es que de partidarios
hemos quedado unos pocos
vistos como estrafalarios,
como entes extraordinarios,
como poetas, como locos.

Que en el siglo del vapor
es un crimen inaudito
persistir en el prurito
de gastar tiempo, señor,
en cantos de pajarito.[14]

[12] "Cantinela" (a Celia Elizondo), *op. cit.*, p. 116.
[13] *Op. cit.*, p. 117
[14] *Op. cit.*, p. 117.

Y se advierte ya esa sensación de desplazamiento, de marginalidad o por lo menos de incomprensión, que nunca dejará de acompañar a este poeta que a los 15 años se autollamaba ya "el vate Rubén Darío" y describía su papel poco menos que como el de un redentor:

Su valiente inspiración
ofrenda a la Humanidad,
en sus cantos, la verdad,
la gloria y la redención.[15]

Estamos todavía lejos de la contracción artepurista, de esa "torre de marfil (que después) tentó mi anhelo", y más bien en el momento en que Darío concibe al poeta como el ser encargado de colocar un nimbo radiante en torno a la "Humanidad". Por eso, junto a la veta lírica propiamente dicha, encontramos una línea que desemboca en la poesía cívica o "civil".

En cierta medida, Darío intenta prolongar aquí la épica independentista, sobre todo en composiciones como la titulada "Al libertador Bolívar". Pero, este mismo poema paralítico, con un héroe petrificado, rigurosamente convertido en "monumento" conmemorativo de la victoria sobre un adversario fantasmal al que la ideología "hispanista" del vate mal puede plasmar, es la prueba más fehaciente de la caducidad histórica de esta línea poética. Pese a las reminicencias adjetivas del *Canto a Junín* ("rayos", "estruendo", "fulgores", etc.), es un hecho que entre el poema de Olmedo y el de Darío hay por lo menos la misma distancia que entre *La Araucana* de Ercilla y *El Arauco domado* de Oña. Y es que la vía del "orden y el progreso" por la que se ha encaminado la

[15] "Ingratitud", *Sollozos del laúd*, p. 13.

historia latinoamericana no sólo determina ese "prosaísmo" presente al que Darío fuera tan sensible, sino
que incluso impide captar la esencia épica de anteriores momentos, al borrar de la conciencia social
toda imagen del proceso histórico como devenir con-
tradictorio. Por eso, el mismo canto de Darío a Bolívar
culmina con una maldición a

quien, turbando la paz de un pueblo honrado,
lanza de guerra el grito
y le quita el arado
para darde un puñal ensangrentado.[16]

cosa que el poeta estima innecesaria en naciones

. . . que un brazo certero
les sabe conducir por buen sendero,
(y) al progreso caminan. . .[17]

Aristocratizante y pasatista en más de un sentido,
Darío aparece, en efecto, como el paradójico cantor
del progreso y del liberalismo, en esta etapa de su
vida. Sin embargo, no cabe hacerse mayores ilusiones
al respecto. Heredero de esa tradición colonial a la
que ya nos referimos, Darío no concibe al poeta de
otro modo que como *chantre* de la clase en el poder;
y, como ésta ostenta en aquel momento histórico de
América Latina una etiqueta liberal, nada más "natural" que el liberalismo sea objeto de glorificación
por parte del vate señorial. Desplazamiento ideológico explicable en virtud de la misma autonomía relativa del quehacer intelectual, que hace que el escritor
no se perciba como portavoz de una clase en particular, sino como intérprete "independiente" de ciertos

---

[16] "Al libertador Bolívar", *El poeta civil*, p. 74.
[17] *Op. cit.*, p. 75.

"ideales" y valores, suficientemente mistificados a fin de que puedan cumplir a cabalidad su misión de expresar, pero ocultando su raíz, los intereses de determinada clase social.

Además, no cabe olvidar que "liberalismo" y espíritu aristocrático no se oponen de manera tan tajante en la realidad que conoce Darío, puesto que buena parte de los liberales proviene justamente de la aristocracia tradicional y, sobre todo, porque el avance de las prácticas burguesas a cierto nivel no implica la abolición de las relaciones de servidumbre y vasallaje en otras instancias. Liberal en la superficie, Darío podía, pues, seguir nutriéndose de una representación del mundo en el fondo señorial, sin que ello implicase de por sí una aberración histórica.

De todas formas, el liberalismo de Darío es una posición doctrinaria bastante abstracta, carente de un contenido concreto que mal podía proporcionarle la experiencia histórica que le tocó vivir. En este sentido no es un azar que las tres primeras estrofas de su poema "A los liberales" estén introducidas por verbos que distan mucho de remitir a una práctica real: "Porque *cantáis...*", "Porque *deseáis...*", "Porque *gritáis...*"[18]

Tal vez el único punto en el que el liberalismo de Darío llega a concretarse sea el anticlericalismo de que hace gala en la primera fase de su vida, cuando anatemiza a la Iglesia en cuanto institución portadora del dogma, el fanatismo y el oscurantismo; posición beligerante que por lo demás desaparece en su producción posterior a 1886. Aunque, a decir verdad, tampoco en este terreno Darío fue muy lejos en la medida en que su concepción de la libertad de pen-

[18] "A los liberales", *"L'enfant terrible"*, p. 26.

samiento nunca logra identificarse con una posición
verdaderamente racionalista. A los viejos sacerdotes
"oscurantistas" opone ciertamente los nuevos sacerdotes de "la luz", que en última instancia son los
poetas; pero éstos son concebidos a su turno como
intérpretes de la palabra divina:

¡Oh Dios! Deja te demande
aliento de tu poder
para que en mi humilde ser
pueda la palabra eterna,
que el Universo gobierna,
en tu gran Libro leer.[19]

Con lo cual caemos en un círculo vicioso que auto-
riza a preguntarse si, a la postre, es el liberalismo el
que ha redefinido al cristianismo, laicizándolo, o si
no ha ocurrido más bien un fenómeno inverso, de
disolución del liberalismo en una matriz cristiana,
si es que no todavía católica. Incluso en una de sus
composiciones más cercanas a una filosofía "des lu-
mières", como es el caso del extenso poema "Al libro", Darío sigue impregnado de un profundo sentimiento religioso, rayano en el misticismo. El libro es
ciertamente ahí un símbolo de la luz, pero esa luz
no es, a su vez, otra cosa que un destello divino:

¿Y qué es el libro? Es la luz;
es el bien, la redención,
. . . .
Principio que alienta ufano;
destello del ser divino;
ley eterna del destino
que gobierna el ser humano. . .[20]

[19] "El libro", op. cit., p. 55.
[20] Op. cit., p. 30.

Testigo de una época de transición, y por lo tanto de cambio, Darío no puede dejar de introducir en su visión filosófico-religiosa del mundo cierta idea de movimiento o por lo menos de mutación; sin embargo, está lejos de concebir una *historia* propiamente dicha, en la acepción prometeana del término. Concibe al hombre como un ser creador, pero en el sentido y con las limitaciones que ilustra esta cita de I. de Castro y Serrano, que Darío colocó como epígrafe de su poema "Al libro":

Dios creó al hombre a su imagen y semejanza; y para que así fuera, lo hizo creador como Él. La creación del hombre es el Libro; el Libro está hecho a imagen y semejanza del hombre; el Libro tiene vida; el Libro es un ser.[21]

Casi huelga precisar que para Rubén Darío "el libro" —símbolo supremo del poder creador que Dios ha trasmitido al hombre— no es el producto de un sujeto social colectivo, sino de los grandes "genios" que han logrado, cada uno a su manera, descifrar y *fijar* en sus obras algún aspecto de ese armonioso movimiento del universo animado por la divinidad. Pero aun así, este concepto del hombre como ser creador le permite a Darío representarse cierta forma de mutación, que en la primera fase de su producción aparece incluso impulsada por la lucha entre los "portadores de la luz" y los guardianes del oscurantismo. Concepción correspondiente a la etapa de lucha entre "conservadores" y "liberales", y que, por lo mismo, será abandonada por el propio Darío en la fase posterior de su producción, que coincide ya con el período de consolidación plena de la oligarquía.

En todo caso, Darío no supera su representación

profundamente elitista del mundo, ni siquiera cuando aparece como corifeo de la "ilustración". Ve en los liberales una especie de élite redentora a la que "la muchedumbre criminal y necia,/os escupe, os odia, y os desprecia"; y si algún sentimiento le es extraño, es justamente el sentimiento democrático. Su proyecto liberal —que no es sino el reflejo del "liberalismo" latinoamericano en su vertiente más oligárquica— no supone por lo tanto otra cosa que la sustitución de unas élites por otras, y esto, en nombre de una libertad de pensamiento que lejos de ser un derecho de todos los hombres y encontrar su justificación en una historia forjada por ellos, es el atributo de una minoría de "elegidos" y se define únicamente como libertad de creer, frente al dogma impuesto por la Iglesia. Y es que ese "liberalismo" al que vengo refiriéndome, por sus mismas raíces de clase, le impidió recordar siquiera que en el lema liberal clásico, surgido al calor de una revolución democrático-burguesa, se hablaba también de fraternidad y de igualdad.

Estas limitaciones ideológicas de Darío no son, desde luego, ajenas al fracaso de su producción épicocívica. Si toda su poesía "civil" da la impresión de una *épica fallida,* de un canto rimbombante cuyo tono parece siempre un traje cortado a otra medida, es justamente porque no puede haber verdadera épica allí donde no hay acción, movimiento histórico real y protagonistas colectivos, y cuando nociones básicas como las de nación, pueblo o progreso han sido vaciadas de su contenido concreto. Octavio Paz tiene razón al afirmar que toda la poesía de inspiración histórica y política de Darío recuerda los museos de historia nacional con sus glorias oficiales y apolilladas y que:

Si se comparan sus poemas con los de Whitman se advierte inmediatamente la diferencia. El poeta yanqui no escribe sobre la historia sino desde ella y con ella: su palabra y la historia angloamericana son una y la misma cosa. Los poemas del hispanoamericano son textos para ser leídos en la tribuna, ante un auditorio de fiesta cívica.[22]

Y es que, analizado de cerca, el mismo concepto dariano de "progreso" no es más que una abstracción metafísica, como puede verse claramente en estos versos:

¡Virtud!: ideal, progreso,
eco de celeste voz;
reflejo que quedó impreso
del primer ardiente beso
que dio al espíritu Dios. . .[23]

Y no podía ser de otra manera, en una situación histórica como la de América Latina, donde el "progreso" no se manifestaba por un imperio efectivo del hombre sobre la naturaleza, sino más bien a través de una acentuación de la explotación de una clase por otra, mediante la prolongación de la jornada de trabajo y otros mecanismos de esa índole. Como lo hace notar acertadamente Lukács:

Marx insiste reiteradamente en que el factor específicamente progresista, que distingue de manera decisiva a la producción capitalista de formas de explotación anteriores, es ante todo la plusvalía relativa. La explotación voraz basada en el alargamiento de la jornada de trabajo es de otro modo la misma en el fabricante capitalista que en el boyardo feudal.[24]

---

[22] "El caracol y la sirena", Octavio Paz, *Cuadrivio,* J. Mortiz ed., México, 3a. ed. 1972, p. 54.
[23] "Lá virtud", *Campanas de León,* p. 98.
[24] "Marxisme ou Proudhonisme en histoire littéraire", Georges

Ahora bien, y al menos en una primera fase, el capitalismo dista mucho de desarrollarse en América Latina sobre la base de la obtención de plusvalía relativa; como lo mostramos oportunamente, ese desarrollo se fundamenta más bien en la sobrexplotación de las masas por parte de los "boyardos" locales.

Por eso, mucho tiempo (y espacio) habría de mediar antes de que Darío percibiera y plasmara, aunque sea de manera ocasional y efímera, una imagen ya concreta de progreso, en su *Canto a la Argentina*:

Oíd el grito que va por la floresta
de mástiles que cubre el ancho estuario,
e invade el mar; sobre la enorme fiesta
de las fábricas trémulas de vida;
sobre las torres de la urbe henchida;
sobre el extraordinario
tumulto de metales y de lumbres
activos. . . [25]

Canto que, dicho sea de paso, es también el único poema de Darío en que se dibuja *cierta epicidad,* gracias a la puesta en escena (desgraciadamente demasiado vaga) de las grandes corrientes migratorias que concurren hacia el área del Río de la Plata.

Si el progreso es para Darío una entidad abstracta, la ciencia le aparece, a su vez, como un engendro mefistofélico o cual "ola corrumpida" que amenaza con ahogar a la humanidad:

¡Materialismo!... La moderna ciencia
de su ser lo desprende;

Lukács: *Écrits de Moscou,* textes inédits traduction (française) et introduction de Claude Prévost. Éditions Sociales, París, 1974, p. 197 (La traducción es nuestra, F. P.).
[25] *Canto a la Argentina,* p. 797.

infundiendo pavor a la conciencia,
por doquiera se extiende...

Se extiende, pero no llevando vida,
que su seno está yerto:
se extiende como la ola corrumpida,
que vaga en el Mar Muerto.[26]

Es cierto que este "antimaterialismo" de Darío,
como el de los demás modernistas, es en gran parte
una reacción contra el positivismo y pragmatismo entonces en boga:

¡Comed! ¡Bebed! El cielo se derrumba,
y tras la losa helada,
más allá de lo obscuro de la tumba,
sólo reina la nada.[27]

Aun así, hay que subrayar que esta oposición a la
ideología "cientificista" del sector desarrollista de la
oligarquía latinoamericana no proviene de un punto
de vista histórico más avanzado, sino que más bien
surge del seno de una matriz señorial y religiosa decadente, que ve en la ciencia, entre otras cosas, la
profanación del misterio. Darío poeta siente incluso
que ello pone en peligro su parcela, es decir, ese campo de lo "misterioso" y lo "arcano" que sería, en su
perspectiva, el coto cerrado de la poesía. Cosa en la
cual, digámoslo, sólo se equivocaba a medias. En efecto, ya a esta altura del desarrollo histórico de América
Latina los "científicos" y demás pensadores positivistas habían comenzado a ocupar, no precisamente el
ámbito de la poesía (que bien poco les importaba,
a la postre), pero sí el sitial preponderante que antes

---

[26] "Espíritu" (a Enrique Guzmán), *Campanas de León,* pp.
98-99.
[27] *Op. cit.,* p. 98.

estuviera reservado a los "humanistas", "letrados", "poetas", etc.

De otra parte y en un plano más general, es evidente que Darío no deja de ser sensible a ciertos efectos inevitables del desarrollo del capitalismo, como éstos que señalara Marx en el *Manifiesto*:

Dondequiera que ha conquistado el poder, la burguesía ha destruido las relaciones feudales, patriarcales, idílicas. Las abigarradas ligaduras feudales que ataban al hombre a sus "superiores naturales" las ha desgarrado sin piedad para no dejar subsistir otro vínculo entre los hombres que el frío interés, el cruel "pago al contado". Ha ahogado el sagrado éxtasis del fervor religioso, el entusiasmo caballeresco y el sentimentalismo del pequeñoburgués en las aguas heladas del cálculo egoísta. Ha hecho de la dignidad personal un simple valor de cambio. Ha sustituido las numerosas libertades escrituradas y adquiridas por la *única* y desalmada libertad de comercio. En una palabra, en lugar de la explotación velada por ilusiones religiosas y políticas, ha establecido una explotación abierta, descarada, directa y brutal.

La burguesía ha despojado de su aureola a todas las profesiones que hasta entonces se tenían por venerables y dignas de piadoso respeto. Al médico, al jurisconsulto, al sacerdote, al poeta, al hombre de ciencia, los ha convertido en sus servidores asalariados.

... Todas las relaciones estancadas y enmohecidas, con su cortejo de creencias y de ideas veneradas durante siglos, quedan rotas; las nuevas se hacen añejas antes de llegar a osificarse. Todo lo estamental y estancado se esfuma; todo lo sagrado es profanado, y los hombres, al fin, se ven forzados a considerar serenamente sus condiciones de existencia y sus relaciones recíprocas.[28]

Es cierto que en América Latina tal trasformación no se opera de manera tan tajante ni en todos los

[28] Marx, Carlos, *El manifiesto del Partido comunista*. Marx, Engels, *Obras escogidas*, Ed. Progreso, Moscú, 1971, t. I, pp. 22-23.

planos simultáneamente, sino que más bien está caracterizada por múltiples "asincronías" y zigzagueos, propios de la vía de desarrollo que aquí ha seguido el capitalismo. Sin embargo, la misma acumulación de contradicciones que caracteriza a esta vía es suficientemente importante como para producir grietas de gran envergadura en determinados niveles de la conciencia social.

La situación de Darío poeta dista mucho, por eso, de ser una situación confortable, clara y definida de una vez por todas; es presa, más bien, de las contradicciones inherentes a un complejo momento de transición. Para comenzar, la producción del vate nicaragüense no se articula desde el punto de vista del sector desarrollista de la oligarquía, sino a partir de ese conjunto de elementos ideológicos señoriales que, a falta de una revolución democrático-burguesa que los eliminara de manera radical, persisten tozudamente en vastos segmentos del cuerpo social, sobre todo en su país natal. Aristocratizante por sus convicciones más íntimas, es decir, por esa representación del mundo que ha asimilado desde su infancia, Darío carece sin embargo del soporte histórico de una verdadera aristocracia. Desamparado, al llegar a la "edad de la razón" tiene que constatar que la misma clase que le ha inculcado esos valores señoriales no es, en el conjunto de sus prácticas, otra cosa que una oligarquía "preocupada por la baja del café". Y la etapa en que le ha tocado vivir le parece tanto más "prosaica", cuanto que corresponde al eclipse de un mundo señorial que ni siquiera recibe el honor de un guillotinamiento, sino que se extingue carcomido desde su propia entraña por el avance de esas prácticas burguesas que larvadamente *tienden* a invardirlo todo. Inmerso en esta cotidianidad inenarrable, el vate señorial emprende una búsqueda desesperada de "lo sublime"; mejor dicho intenta, en esta primera fase, "sublimar" ese mundo del que van esfumándose todas las aureolas e ilusiones precapitalistas. Darío lo sabe, o al menos lo intuye; mas poco puede hacer para convertirse en poeta de otro tipo. En algunos pasajes de *Epístolas y poemas* hay claros intentos de elaboración de una poesía social, de denuncia, como la contenida en el poema "Ecce homo",[29] pero en el conjunto de su producción se impone esa concepción de vate a la antigua usanza que le ha inculcado el sector más retrasado de la ideología dominante, instituyéndolo en una especie de semidiós o vestal, administrador de "lo sublime":

El poeta es ave, en verdad:
es ave que canta y gime;
que Dios, es menos sublime,
y más que la humanidad.[30]

¿Y quién guardará entonces los sagrados
números, como el fuego las vestales,
sino los escogidos y elevados?[31]

Yo ansío la corona que la Fama
brinda a los sacerdotes de lo bello,
y corro en busca del divino lauro,
verde siempre al fulgor apolíneo.[32]

He aquí la certidumbre: lo único inamovible que una ancestral tradición señorial ha arraigado para siempre en la visión de Darío, al mismo tiempo que el avance del capitalismo en otros planos ha tornado

---

[29] "Ecce homo" (a Francisco Antonio Gavidia), *Epístolas y poemas*, p. 395.
[30] "El poeta", *Sollozos del laúd*, p. 14.
[31] "A Ricardo Contreras", *Epístolas y poemas*, p. 339.
[32] "El poeta a las Musas", *Epístolas y poemas*, p. 330.

ya caduca aquella función del poeta y la poesía. Por eso, su vocación flota, en cierto sentido, en el vacío: en esa oquedad que se plasma artísticamente como una sustancia vaporosa y deletérea, condensada en el "azul" que pronto devendrá el símbolo mismo de su poesía.

En la primera etapa de su carrera poética, Darío explora un terreno de arenas movedizas: tal etapa es, estrictamente hablando, la de un autor en busca de tema. De ahí que, una vez afinado el instrumento con ciertas miras, dominado ya el oficio, el poeta interroga con inquietud a las musas:

Tengo que preguntaros, ¡oh divinas
Musas!, si el plectro humilde que meneo
mejor produzca los marciales himnos,
y dé armonía al cántico guerrero,

o de Natura los preciados dones
ensalce al son de cadenciosos versos,
o en églogas armónicas repita
de Títiro el cantar y Melibeo.
. . . .
¿Qué ley ha de seguir el que vibrante
bordón del arpa pulsa, y el soberbio
cantar pretende a las sonoras alas
confiar ansioso, de los vagos vientos?
. . . .
Decidme si he de alzar voces altivas
ensalzando el espíritu moderno;
o si, echando al olvido estas edades,
me abandone a merced de los recuerdos.
. . . .
Todo acabó. Decidme, sacras Musas,
¿cómo cantar en este aciago tiempo
en que hasta los humanos orgullosos
pretenden arrojar a Dios del cielo?[33]

[33] *Op. cit.*, pp. 330, 333.

Darío, ya lo dijimos, dista mucho de ser entonces un cultor del arte por el arte. Pero, es un hecho que estas mismas interrogaciones revelan el drama de una forma finalmente huérfana de contenido, que empieza ya a adquirir una connotación narcisista, convertida en tema de sí misma. Vate cortesano sin aristocracia, vestal de un fuego sagrado que tiende a extinguirse en un mundo cada vez más profano, Darío siente además un deseo irrefrenable de sumergirse en el refugio de un pasado mítico:

Porque es más de mi agrado el engolfarme
en mis tranquilos clásicos recreos,
en pasadas memorias y en delicias
que me suelen traer días pretéritos.[34]

Unas cuantas líneas de fuerza para la fundación del "modernismo" están desde entonces prefiguradas, y son las que habrán de desarrollarse posteriormente.

Pasemos por alto el pomposo *Canto épico a las glorias de Chile,* bastante menos "homérico" de lo que el uso de este adjetivo sugiere, y que Darío compuso para participar en el "Certamen Varela", cuyo primer premio compartió con un escritor de nombre Préndez ("Premio en dinero, que es la gran poesía de los pobres", como lo recalcó entonces don Pedro Balmaceda).

Detengámonos más bien en *Abrojos* (también de 1887), que al autor presenta modestamente, como una

Obra sin luz ni donaire,
que al compañero constante
le dedica un fabricante
de castillos en el aire.[35]

[34] *Op. cit.,* p. 332.
[35] "Prólogo" (a Manuel Rodríguez Mendoza), *Abrojos,* I, p. 456.

En cierto sentido carente de "donaire", *Abrojos* es sin embargo una obra que .aún hoy conserva su frescor, aunque esté salpicada de una ironía amarga. Desprovista de "luz" en la acepción grandilocuente y metafísica en que Darío entendía el término, posee en cambio un nivel de lucidez poco frecuente en el vate nicaragüense. Pero su mismo tono menor revela que es fruto de la pérdida momentánea de ciertas ilusiones; de la constatación de que en este "mundo" que Darío no logra identificar con la sociedad capitalista, "el hombre del hombre es lobo"; de la sensación, en fin, de estar asistiendo al ocaso de "lo sublime":

La poesía con anemia,
con tisis el ideal. . .[36]

Dedicado en aquel entonces al modesto oficio de periodista, Darío está, tal vez por esto, más cerca que nunca de la cotidianidad. Al leer ciertos pasajes de *Abrojos* uno tiene incluso la impresión de que su autor comienza a elaborar una poesía a partir de los *faits divers*, y no deja de ser significativo el que la obra no venga dedicada a ningún gran personaje, sino a un compañero, Manuel Rodríguez, redactor de *La Época*, a quien el poeta se dirige en estos términos:

Tu noble y leal corazón,
tu cariño, me alentaba
cuando entre los dos mediaba
la mesa de redacción.[37]

Tono llano y confidencial, tan insólito en Darío como este repentino llamado a abrir los ojos ante *lo*

[36] *Op. cit.,* p. 457.
[37] *Op. cit.,* p. 456.

real, que encontramos en el poema XXIII:

¿Por qué ese orgullo, Elvira? Que se domen
en ti loca ambición, ruines enojos,
y quítate esa venda de los ojos,
y que esos ojos a lo real se asomen.

Mira, cuando tus ansias vuelo tomen
y te finjan grandezas tus antojos,
bellas —rostro divino, labios rojos—,
que unas comen pan duro, otras no comen.[38]

Todo ocurre, pues, como si la experiencia chilena
estuviese incitando al poeta a desarrollar esa vena
trunca de denuncia que por momentos aparece en
Epístolas y poemas. Sólo que Darío sigue en gran medida preso de esa unidimensionalidad que lo induce
a referir finalmente todo al punto de vista del artista, así como de esa tendencia a reducir siempre
las contradicciones sociales a términos de moral:

¿Eres artista? Te afeo.
¿Vales algo? Te critico.
Te aborrezco si eres rico,
y si pobre, te apedreo.

Y de la honra haciendo el robo
e hiriendo cuanto se ve,
sale cierto lo de que
el hombre del hombre es lobo.[39]

He aquí el coro que entonan
los vagos y los mendigos:
"¡Guerra a muerte a los banqueros
que repletan sus bolsillos!".
Regla general: — Los pobres
son los que odian a los ricos.[40]

[38] *Abrojos,* XXXIII, p. 469.
[39] "Prólogo", *Abrojos,* I, p. 457.
[40] *Abrojos,* XXI, pp. 465-66.

Pese a su acercamiento relativo a la cotidianidad, Darío no renuncia, además, al ideal de otra poesía: de lo que para él es *la* poesía. El "donaire" y la "luz que deben caracterizarla aparecen por eso concentrados en la imagen de aquel poeta que pone en sus versos todas las piedras preciosas y tesoros, como Darío lo hará en su poesía posterior. Al tiempo que se concreta el contraste entre la opulencia así producida y el destino mísero de su productor:

Puso el poeta en sus versos
todas las perlas del mar,
todo el oro de las minas,
todo el marfil oriental;
los diamantes de Golconda,
los tesoros de Bagdad,
los joyeles y preseas
de los cofres de un Nabab.
Pero como no tenía
para hacer versos ni un pan,
el acabar de escribirlos
murió de necesidad.[41]

Uno puede ver en este contraste una metáfora de los procesos de acumulación de capital característicos del período en el que Darío vivió; reflejo muy lejano, sin embargo, en la medida en que el poeta los percibe siempre a través de una matriz señorial, que reduce inevitablemente el problema a términos de una quiebra del sistema prestablecido de prestaciones "benévolas":

Vivió el pobre en la miseria,
nadie le oyó en su desgracia;
cuando fue a pedir limosna,
lo arrojaron de una casa.

[41] *Abrojos*, vi, p. 460.

Después que murió mendigo,
le elevaron una estatua...
¡Vivan los muertos, que no han
estómago ni quijadas![42]

Luego veremos como este tema del poeta reducido
a la mendicidad por falta de una buena alma que lo
proteja o al menos socorra, se desarrolla obsesiva-
mente en otras composiciones del autor. En cambio,
tenemos que despedirnos para siempre de ese tono
sincero y casi coloquial de *Abrojos,* que no es sino un
episodio pasajero en Darío. Con *Otoñales,* escrito en
1887, para el mismo "Certamen Varela" que pedía
también "una colección de 12 a 15 poesías del género
subjetivo de que es tipo de poeta Bécquer", volvemos
a una poesía que habíamos denominado *de oficio* y
que, ahora más que nunca, es presentada de entrada
como una labor de refinada joyería:

En el libro lujoso se advierten
        las rimas triunfales:
bizantinos mosaicos, pulidos
        y raros esmaltes;
fino estuche de artísticas joyas,
        ideas brillantes;
los vocablos unidos a modo
        de ricos collares;
las ideas formando en el ritmo
        sus bellos engarces,
y los versos como hilos de oro
        do irisadas tiemblan
        perlas orientales.[43]

Y, más adelante:

Yo quisiera cincelarte
        una rima

[42] *Abrojos,* viii, p. 461.
[43] "Rimas", i, *Otoñales,* p. 501.

delicada y primorosa
como una áurea margarita,
o cubierta de irisada
        pedrería,
o como un joyel de Oriente
o una copa florentina.[44]

Ocurre, en efecto, como si el vate tradicional, cantor de "lo sublime" pero también *artesano* de las palabras, de repente hubiese constatado que, pese al agotamiento de la primera vertiente, susistía e incluso se ampliaba el cauce de la segunda, a condición de *convertir la vieja artesanía utilitaria en artesanía artística,* dotada de ciertas cualidades capaces de asegurarle un sitial "fuera de competencia" en el seno del mercado capitalista. De ahí esa insistencia en el lujo, la rareza, la brillantez y la finura, así como esa concepción del poeta como artífice de una "irisada pedrería".

Redefinición del quehacer poético que equivale, si se quiere, a un desplazamiento hacia el artepurismo, en la medida en que el autor ya no concibe ahora su poesía como el "nimbo" de esa realidad "desublimada" y desacralizada por el capitalismo, sino más bien como un objeto precioso cuyo valor radica, fundamentalmente, en su proceso de producción mismo. Sin embargo, cómo no ver en este mismo hecho el nacimiento de una significación "extraliteraria", aunque sólo fuese por la indudable reivindicación del *trabajo concreto* que ello implica, frente a la generalización del *trabajo abstracto* que tiende a imponer fatalmente el modo de producción capitalista.[45]

Pero en Darío no sólo hay esto. Su labor de orfebre es también la primera etapa de un intento de re-

[44] *Op. cit.,* VIII, p. 507.
[45] Carlos Marx. *El capital,* FCE., México, 1972, t. I, pp. 8 ss.

constitución imaginaria de ese añorado mundo aristocrático, que en el futuro devendrá el "ambiente"
predominante de su poesía, cada vez más poblado
de objetos y seres refinados y raros, que paulatina-
mente van tomando posesión de los "castillos en
el aire".

Al "prosaísmo" de una realidad desublimada, Darío
opondrá, pues, la majestad de un universo forjado
por el arte. Y no renunciará a la búsqueda de una
trascendencia, último destello o tal vez línea de fuga
de un mundo desacralizado. En un primer plano meta-
fórico encontramos por eso el *iris* de esa pedrería,
imagen concentrada de esplendores profanos y resplan-
dores divinos; mientras en un segundo nivel aparece
ya ese *azul,* que en último instancia remite a la nostalgia de un dios "que no se nombra" y que por momentos se confunde con la aurora y la esperanza, o
que desterrado del *ici-bas* se desvanece en una atmós-
fera fugitiva y pálida.

Opulento y a la par delicuescente, sensual pero también metafísico, el universo poético que luego se de-
nominará "modernista" comienza pues a constituirse.
Sin embargo su desarrollo no será líneal, ni su sumo
sacerdote dejará de inquietarse por la función de la
poesía y el destino del poeta en el nuevo contexto.
Los cuentos incluidos en *Azul* (1888) son bastante ilus-
trativos al respecto.

En "El sátiro sordo", p. e., Darío expresa una vez
más su nostalgia de un orden "natural", con el consiguiente sitio reservado a la poesía, poniendo estas
palabras en boca de la alondra:

De los hombres, unos han nacido para forjar los metales, otros para arrancar del suelo fértil las espigas del tri-
gal, otros para combatir en las sangrientas guerras y otros
para enseñar, glorificar y cantar. Si soy tu copero y te doy

vino, goza tu paladar; si te ofrezco un himno, goza tu alma.[46]

Pero la alondra no es más que uno de los consejeros del sátiro sordo, cuya alma es incapaz de gozar del "himno" que le ofrece Orfeo. Por eso, "en los apogeos del alba", la propia alondra tiene que escapar de las manos del sátiro, para elevarse "cantando camino de los cielos". Rey de la selva, aquel sátiro tiene además otro consejero, que es nada menos que un asno, tan útil en cuanto sirve pacientemente a las caminatas de su amo, como nocivo en la medida en que desempeña también —moviendo de un lado a otro la cabeza, "grave, terco, silencioso, como el sabio que medita"— el papel de consejero en cuestiones artísticas. Es justamente por dictamen suyo que:

Orfeo salió triste de la selva del sátiro sordo y casi dispuesto a ahorcarse del primer laurel que hallase en su camino.
No se ahorcó; pero se casó con Euridice.[47]

Con un hilo argumental distinto, el cuento "El rey burgués" (título elocuente que caracteriza con acierto la faz de Jano de la oligarquía latinoamericana) plantea exactamente el mismo problema. Refinado y sensual, el soberano de marras favorece "con gran largueza a sus músicos, a sus hacedores de ditirambos, pintores, escultores, boticarios, barberos y maestros de esgrima"; pero resulta ser tan insensible como el sátiro sordo ante el "ideal", esto es, ante la verdadera poesía: "Nada de jerigonzas ni de ideales. Id."

[46] "El sátiro sordo", *Azul*, Aguilar, Madrid, 6a. ed. 1966, p. 89.
[47] *Op. cit.*, p. 90.

Su consejero no es en este caso un asno, mas un "filósofo al uso", pero que cumple idéntico papel. Cuando el poeta llega hambreado al palacio real, aquel filósofo no encuentra, en efecto, mejor sugerencia que ésta:

—Si lo permitís, señor, puede ganarse la comida con una caja de música; podemos colocarle en el jardín, cerca de los cisnes, para cuando os paseéis.[48]

El consejo es aceptado por el rey y el poeta, marginado de la fiesta que tiene lugar en el palacio, condenado a tornar la manivela de la caja de música en la intemperie de una noche glacial, muere "pensando en que nacería el sol de un día venidero, y con él el ideal..., y en que el arte no vestirá pantalones, sino manto de llamas de oro..."

Con más claridad que en ninguna otra parte de su producción, Darío expresa aquí su sentimiento de marginalidad, que no es otra cosa que la añoranza del "verdadero" mecenazgo perdido. Desde este punto de vista de *chantre* desplazado lanza una acerba crítica contra la nueva oligarquía ("reyes burgueses", "sátiros sordos"), al mismo tiempo que embiste contra los flamantes intelectuales orgánicos ("asnos", "filósofos al uso") que han venido a usurpar el sitial de las antiguas "alondras". Incluso llega a imaginar el poeta preterido como un "ángel soberbio" o un "semidiós olímpico", voz potente que anuncia un porvenir que es el del advenimiento "de las grandes revoluciones"; mas, ese mismo porvenir no es otra cosa que la imagen revertida del paraíso perdido, que Darío recupera bajo la forma de una tierra prometida, "con un Mesías todo luz, todo agitación y

<hr>

[48] "El rey burgués", *Azul*, p. 77.

potencia", nuevo Mecenas al que es preciso recibir "con el poema que sea arco triunfal, de estrofas de acero, de estrofas de oro, de estrofas de amor".

Si Darío no puede concebir al poeta de otro modo que como vate oficial, uncido siempre al carro de la clase dominante, en cambio percibe que, en el momento presente, se ha abierto una brecha entre el proyecto cultural de dicha clase y lo que el poeta tradicional concibe como el "ideal": es decir, ese conjunto de aureolas e ilusiones precapitalistas. Por eso, el "rey burgués" no aparece como un personaje hostil al arte en general, sino a cierto tipo de arte, que desde luego para Darío es el único y verdadero. Y es que, aun convertido ya en artesano de lujo aparentemente resignado a abandonar la órbita de "lo sublime", el vate nicaragüense no ignora que eso lo conducirá, a la postre, a la producción de una simple orfebrería ornamental, de un arte palaciego, estático y marmóreo, en el que no quedará de la ansiada "trascendencia" otra cosa que la interrogación del cuello del cisne.

Lo sabe, o al menos lo presiente. Por eso, en el cuento titulado "El rubí" opone tajantemente las piedras fabricadas por el químico Fremy —rubíes "falsos"— a las auténticas piedras preciosas que encierran toda la luz y el encanto de la creación y vienen además impregnadas de la sangre de su cincelador: ¡"Pretender imitar un fragmento del iris!", "¡El tesoro rubicundo de lo hondo del globo!", "¡Hechos de rayos del Poniente solidificados!", exclaman los personajes del cuento al observar ese rubí falsificado "que estaba ahí, sobre la roca de oro, como una profanación entre el centelleo de todo aquel encanto".

Este cuento plasma desde luego la concepción dariana de la ciencia como profanadora del misterio, y por ende de la poesía, a la vez que constituye un alegato nostálgico en favor de la producción artesanal ("natural") amenazada por el avance de la moderna industria ("artificial"). Pero hay también allí, a no dudarlo, un intento desesperado de conferir una dimensión metafísica a la "irisada pedrería" modernista, haciendo del poeta un explorador de la sagrada cantera de la Tierra:

Porque tú, ¡oh madre Tierra!, eres grande, fecunda, de seno inextinguible y sacro, y de tu vientre moreno brota la savia de los troncos robustos, y el oro y el agua diamantina, y la casta flor de lis. ¡Lo puro, lo fuerte, lo infalsificable! ¡Y tú, mujer, eres espíritu y carne, toda amor![49]

Nostalgia, pues, de una "naturaleza" de la que paradójicamente no brotan lirios, como en la realidad, sino *flores de lis;* esto es, la "casta" representación heráldica de un *ancien régime* que para Darío es el verdadero orden "natural", único capaz de juntar la majestad terrestre y la magnificencia divina en un espacio "sublime", donde la propia riqueza no aparecerá como un medio, sino como el símbolo resplandeciente del poder, la gloria y la grandeza, y donde aun el torbellino sensual adquirirá contornos ideales, concebido como una *finalité sans but.*

Por eso, la misma selva aparece en los cuentos de Darío como un territorio poblado de ninfas y bacantes "siempre acariciadas y siempre vírgenes" ("El sátiro sordo"); la ninfa del "Cuento parisiense" no es más que un motivo de inspiración para la ninfa "ideal" del poeta; y, en "El palacio del sol", las muchachas anémicas vuelven a la vida danzando con jóvenes vigorosos y esbeltos:

---

[49] "El rubí", *Azul,* p. 143.

... y danzaban y danzaban con ellos, en una ardiente
estrechez, oyendo requiebros misteriosos que iban al alma,
respirando de tanto en tanto como hálitos impregnados
de vainilla, de haba de Tonka, de violeta, de canela, hasta
que con fiebre, jadeantes, rendidas, como palomas fatigadas
de un largo vuelo, caían sobre cojines de seda, los senos
palpitantes, las gargantas sonrosadas, y así, soñando, soñando en cosas embriagadoras...[50]

Forma de sensualidad que en muchos poemas aparecerá recalcada por la presencia de Diana, "la diosa
del claro de luna, que suele conservarse pálida e in-
tacta durante el alba y que cultiva y defiende la in-
mortal aurora de su virginidad", o bien a través de
Venus, "la diosa de la aurora, estrella anunciadora
en que el amor se da como ejercicio jamás satisfecho
ni cumplido".[51]

Darío, como ya lo mencionamos en un capítulo anterior, declaró sin tapujos que amaba la hermosura,
el poder, la gracia, el dinero, el lujo, los besos y la
música; que no era más que "un hombre de arte".
Pero no dijo, porque seguramente jamás llegó a for-
mulárselo, que esa posición "artepurista" cargada de
hedonismo era también la imagen suprema con la
cual el agonizante orden feudal se defendía del em-
bate arrollador de las prácticas capitalistas. "Rebelión
simbólica" que por lo mismo no estaba dirigida contra el dinero y la riqueza en sí, que el propio vate
nicaragüense veneraba abiertamente, sino contra su
forma actual constituida por el ciclo dinero-mercancía-
dinero (D-M-D) que el capitalismo imponía como
ley cada vez más decisiva del desarrollo histórico de

---

[50] "El palacio del sol", *Azul*, p. 152.
[51] Giordano, Jaime, *La edad del ensueño* (sobre la imagi-
nación poética de Rubén Darío), Ed. Universitaria, Stgo. de
Chile, 1970, pp. 44-45.

América Latina.[52] Es esta modalidad de existencia del dinero y la riqueza la que aparece a los ojos de Darío como la máxima expresión de "materialismo", como la ley bastarda que instaura en un mundo antes "sublime" el reino del "prosaísmo" y el artificio.

Por eso, aun en una órbita aparentemente tan alejada de este problema como es la órbita del erotismo, el paradigma dariano es siempre el mismo: el de una caricia desprovista de fin "pragmático", de una sensualidad sin sexo. Y es que la estética de la fruición fundada por Darío constituye, en su nivel expresivo del "ideal", un angustioso intento de interrupción del ciclo D-M-D a la altura del segundo término, simbólicamente capturado en la eternidad de un goce infinito que, en virtud de su misma idealidad, ni siquiera realiza el consumo del bien apetecido. He aquí *l'art pour l'art*, la poesía "pura", antídoto contra el "materialismo".

Pero la poesía dariana es también, en su concreta plasmación, un reflejo de los valores de clase de la propia oligarquía, de su sensibilidad "estética" concretada en la *práctica* de un modo de vida. Con razón ha escrito Pedro Henríquez Ureña que:

Prosas profanas es una orgía de lujo que procede de todos los puntos cardinales (véase como ejemplo el poema *Divagación*), con Versalles por meridiano. El contenido poético del volumen es a menudo soberbio; pero los escenarios y aderezos han envejecido: palacios, lirios, cisnes, pavos reales, marfil, perlas. Se ha acusado a Darío y a sus imitadores de excesivo apego a las tradiciones y modas del Mundo Antiguo; en realidad, toda aquella parafernalia extranjera no era más que un disfraz. Bajo la máscara, lo que vemos es la reaparición de la riqueza y del lujo en la América hispánica, con la prosperidad de las últimas décadas del

---

[52] Marx, Carlos, *El capital*, t. I, pp. 103 *ss.*

siglo pasado. Una comparación con nuestros románticos lo pone de manifiesto. Cuando nuestros poetas románticos describían un palacio o una princesa, trataban de dar una idea de majestad y lujo con sustantivos pálidos y adjetivos vagos y genéricos. Poca, o ninguna, era la experiencia real que tenían de aquello que pretendían describir. al paso que los poetas coloniales, y aun los neoclásicos testigos de las guerras de independencia, habían conocido plenamente aquella experiencia. Las campañas de liberación y las guerras civiles que se desataron a continuación habían empobrecido a los países hispanoamericanos —con la excepción del Brasil—; sólo cuando los poetas románticos describen la naturaleza, como a ésta sí la conocen, hay variedad y precisión en sus imágenes. Pero el conocimiento que Casal, Gutiérrez Nájera y Darío tenían de la riqueza y del lujo no era de simples lectores: los habían visto. Versalles era un nombre simbólico para la nueva vida de las ya prósperas ciudades de la América hispánica.[53]

Prosas profanas es, en efecto, una orgía de lujo y sensualismo. Es ya la abierta participación del poeta en la fiesta palaciega, con sus

... frases vagas y tenues suspiros
entre los sollozos de los violoncelos.[54]

Todo lo que ahora conocemos con el nombre de "modernismo" está allí, con sus "ninfalias" y princesas, sus pavos reales y faisanes, su "ambrosía" y su exotismo. Mundo tenue y vaporoso, con algo de "nube, espuma y ola", donde se desliza la leve majestad del cisne "de estirpe sagrada" que

... ha sentido en sus plumas la diestra
de la amable y gentil Pompadour.[55]

[53] Henríquez Ureña, Pedro, *Las corrientes literarias en la América hispánica*, FCE., México. 3a. reimpresión, 1969, pp. 175-176.
[54] "Era un aire suave...", *Prosas profanas*, p. 549.
[55] "Blasón" (a la Condesa de Peralta), *Prosas profanas*, p. 558.

En fin, todo ese ambiente "versallesco" que ha dado pábulo a la afirmación de que el "modernismo" se caracteriza por una vuelta de espaldas a la realidad americana. Aseveración exagerada, sin duda, en la medida en que el nivel social expresado por Darío *es* un elemento constitutivo de esa realidad, su *nivel hegemónico,* para ser más precisos; y en la medida, también, en que el cosmopolitismo cultural de que hace gala el poeta no es más que la expresión sofisticada de una incorporación real de América Latina al mercado internacional, que si bien no realiza la supuesta "universalización" del hombre latinoamericano en general, crea en cambio una oligarquía de perspectivas y ambiciones cosmopolitas. Oligarquía subordinada a los centros hegemónicos del capitalismo mundial, es "natural", además, que su cultura sea una cultura centrífuga, dependiente de la que se elabora en aquellos centros. Sin embargo, el propio movimiento "modernista" pone de manifiesto que este problema no es tan simple y que no cabe, sobre todo, reducirlo a términos de imitación o mero reflejo de una situación de "dependencia".

En las palabras liminares de *Prosas profanas,* Darío escribe:

Si hay poesía en nuestra América, ella está en las cosas viejas: en Palenke y Utatlán, en el indio legendario y el inca sensual y fino, y en el gran Moctezuma de la silla de oro. Lo demás es tuyo, demócrata Walt Whitman.[56]

Y éste no es más que *uno* de los momentos de definición, de tamización meticulosa de elementos e influencias culturales, a partir de una matriz ideológica determinada en última instancia por la base econó-

---

[56] *Prosas profanas,* "Palabras liminares", p. 546.

mica de la sociedad latinoamericana. Rechazado el
"modelo" cultural anglosajón virtualmente en bloque, por su excesivo "pragmatismo" (en el preciso
momento en que Spencer reina entre los "científicos"
positivistas del continente); rechazadas igualmente las
escuelas realistas y naturalista francesas por ser la encarnación del odiado "prosaísmo", el modernismo de
Darío termina articulándose no tanto sobre el eje
de la cultura real de ningún centro hegemónico, sino
más bien en torno a uno de sus mitos: el de una
Francia versallesca, heredera de una tradición grecolatina refinada, armoniosa y eterna. Imagen que ni
siquiera evoca la Francia laicizada de la Tercera Re-
pública, y menos todavía la forjada en la Comuna de
París, sino más bien los fastos y sensuales efluvios
del *Second Empire*. Afinidad nada insólita si uno
piensa en que esta etapa de la poesía de Darío corresponde al momento de consolidación de la oligarquía
latinoamericana, cuando, consumado en lo esencial
el proceso de acumulación originaria, vencidas ciertas
resistencias como la ofrecida por la Iglesia en cuanto
institución feudal, aquella clase entra en su pleno
apogeo gracias al "esplendor" de la economía primario-exportadora, esplendor que no puede dejar de
manifestarse en el plano de la cultura, donde la misma
vía de desarrollo seguida por el capitalismo en América Latina permite el fácil resurgimiento de valores
y modos de vida aristocratizantes, que en cierto sentido circulan a través del cordón umbilical que todavía une a la nueva oligarquía con los antiguos seño-
res de la tierra. Ubicado inicialmente más cerca de
éstos que de aquélla, el mismo Darío opera un desplazamiento que, a la altura de *Prosas profanas,*
desemboca en una especie de síntesis de esas posiciones
no antagónicas. La nostalgia de lo "sublime" termina

concretándose en la plasmación de un abolengo, de una heráldica que mucho se asemeja a una acumulación originaria de cultura; a la vez que las ansias de "eternidad" encuentran cauce en una especie de panteón perenne y universal del "arte", que pasa a representar la continuidad inamovible por encima de los cambios sociales:

Es incidencia la historia. Nuestro destino supremo está más allá del rumbo que marcan fugaces las épocas, y Palenque y la Atlántida no son más que momentos soberbios con que puntúa Dios los versos de su augusto Poema.[57]

Instalado en este *Ersatz* de eternidad, en esa órbita simbólica situada más allá del tiempo y el espacio, Darío ciertamente no se aleja ni de su situación ni de su época. Por el contrario, se sumerge en un ambiente tan datado, que el lector actual lo siente de inmediato como envejecido:

. . . Los escenarios y aderezos han envejecido: palacios, lirios, cisnes, pavos reales, marfil, perlas." (Henríquez Ureña).[58]

La poesía de inspiración política e histórica de Darío ha envejecido tanto como la versallesca y decadente. (Octavio Paz).[59]

Lleva, además, un sello tan nítido de clase, que el mismo Octavio Paz no puede menos que reconocerlo:

Un marxista diría, con cierta razón, que se trata de una literatura de clase ociosa, sin quehacer histórico y próxima a extinguirse. Podría replicarse que su negación de la utilidad y su exaltación del arte como bien supremo son algo más que un hedonismo de terrateniente: son una

---

[57] "Salutación al águila", *El canto errante*, p. 708.
[58] *Las corrientes literarias . . .*, p. 175.
[59] "El caracol y la sirena", *op. cit.*, p. 54.

rebelión contra la presión social y una crítica de la abyecta actualidad latinoamericana.[60]

El alcance, así como los límites de esta rebelión "simbólica" los he señalado ya; resta añadir que la "crítica" a que se refiere Paz es igualmente simbólica, con un anverso de fuga y un reverso de nostalgia. El "modernismo" es, de todos modos, un movimiento literario más ligado al ocaso que al alba, una mirada que aún cuando parece vislumbrar la aurora lo hace con ojos crepusculares.

Desde esta perspectiva se articula aquella estética del refinamiento y la sensualidad, que no sólo se expresa a través de esa simbología que constituye una verdadera heráldica, sino también mediante una hipersensibilidad a los colores y contornos, a las percepciones táctiles y a esos ritmos que parecen subrayar la cadenciosa armonía del universo. Harmonía con hache, en los textos de Darío, quien incluso a nivel ortográfico tiende a marcar su distancia frente a la lengua común, como lo hará también frente a un *habla* que necesariamente lleva impreso el pecado original de su cotidianidad americana. Por eso, la misma renovación del idioma literario —ciertamente apergaminado por el peso de una retórica española cada vez más distanciada de las vivencias latinoamericanas— no la realizará el "modernismo" mediante una recuperación artística de la expresión criolla, como ocurrirá posteriormente, sino a partir del diccionario, de la tradición de los siglos de oro españoles y, sobre todo, a partir de paradigmas literarios extranjeros que, a los ojos de Darío al menos, venían ya cargados de un centenario abolengo.

En esta forma se sella, por lo demás, la coherencia

[60] *Op. cit.*, p. 20.

del discurso poético modernista, unidad sabiamente estructurada en que todos los planos —desde el de los temas y símbolos hasta el del léxico, incluyendo el de los elementos rítmicos, fónicos y aun ortográficos— confluyen a una misma significación ideológica.

La obra de Darío no se detiene, sin embargo, en esta fase que es la propiamente modernista. En *Cantos de vida y esperanza*, lo mismo que en *El canto errante y Poemas del otoño*, hay ciertamente una continuidad con respecto a *Prosas profanas*, en la medida en que el vate dispone ya de una arte poética definitivamente conformada, con su repertorio simbólico, su sensibilidad y su ritmo peculiares. Pero también hay algunos puntos de ruptura, o al menos de apertura, y algo así como un retorno a ciertas perspectivas de antaño. El mismo prefacio de los *Cantos* marca este desplazamiento, cuando Darío escribe: "Yo no soy un poeta para las muchedumbres. Pero sé que indefectiblemente tengo que ir a ellas", o cuando explica que: "Si en estos cantos hay política, es porque aparece universal."

En todo caso entramos en un espacio más aereado que el de *Prosas profanas*, más brioso pero también austero, donde Darío medita sobre su propio obra, reencuentra su veta cívica, que culminará con el *Canto a la Argentina*, e incluso tiene un intento notable de rebelión antiyanqui en la oda "A Roosevelt" —desgraciadamente anulada por la deplorable "Salutación al águila". Y hay, sobre todo, un ensayo de mayor individualización, de buceo interior, aunque dentro de los límites de una interrogación metafísica que reiteradamente desemboca en el vacío:

Ser, y no saber nada, y ser sin rumbo cierto,
y el temor de haber sido y un futuro terror...

y el espanto seguro de estar mañana muerto,
y sufrir por la vida y por la sombra y por

lo que no conocemos y apenas sospechamos,
y la carne que tienta con sus frescos racimos
y la tumba que aguarda con sus fúnebres ramos,
¡y no saber adónde vamos,
ni de donde venimos...![61]

En las últimas composiciones poéticas (recopiladas bajo el título *Del chorro de la fuente*) nos encontramos con un Darío que sigue en pos de la luz ("y quiero una linterna/que me guíe al ignoto remedio de mis males"),[62] pero ya en tono escéptico y melancólico. Un Darío que comienza a entrever "la selva oscura y pálida de la cita postrera", bajo las "formas vagas de una horrible quimera" (*ibid.*). La misma fama le aparece entonces como un fuego fatuo ("Don Estatua, Don Título"), y la eternidad como la "continuación errante/ de los que van adelante/ y los que vienen atrás" ("Cantares"). Con una desesperada sed de vida, aunque ya sin esperanza, escribe:

Aprovechad la hora, el minuto, el segundo,
Infundid vuestra vida en la vida del mundo.
No le déis una cita al triunfo o al renombre:
¡id como el gato al ratón o como el león al homre![63]

Grito angustioso de este vate que trató de hacer de la poesía el último bastión de una concepción "sublime" y armoniosa que irremediablemente sucumbía en el vórtice de un mundo cada vez más desacralizado y conflictivo, donde ya nada podría impedir que Prometeo pasara a ocupar el sitio de las antiguas vestales.

[61] "Lo fatal", *Cantos de vida y esperanza*, p. 688.
[62] "Extravagancias", *Del chorro de la fuente*, p. 1094.
[63] "Aprovechad la hora...", *Del chorro de la fuente*, p. 1107.

impreso en offset cemont, s. a.
ajusco 96 - méxico 13, d. f.
mil ejemplares y sobrantes para reposición
18 de octubre de 1978

CRÍTICA LITERARIA

LITERATURA EN LA REVOLUCIÓN Y REVOLUCIÓN EN LA LITERATURA: POLÉMICA / Óscar Collazos, Julio Cortázar y Mario Vargas Llosa

El debate suscitado por el ensayo de Collazos "La encrucijada del lenguaje", publicado en Marcha de Montevideo, da lugar a este volumen, en el que se publican también las respuestas de Cortázar y Vargas Llosa.

[CM 35] 120 pp. 9.5 x 15 cm / 3a. ed.

EL INTELECTUAL Y LA SOCIEDAD / Roque Dalton y otros

Resultado de un intercambio de ideas sobre hechos recientes en el campo de la cultura y de la política, en América Latina, que se realizó entre varios intelectuales latinoamericanos. Muchas de las ideas son personales, pero muchas, también, son elaboración colectiva.

[CM 28] 152 pp. 9.5 x 15 cm / 2a. ed.

VISIÓN DEL HOMBRE Y DE LA VIDA EN LAS ÚLTIMAS OBRAS POÉTICAS DE CÉSAR VALLEJO / James Higgins

"Vallejo —dice el autor— no es un filósofo ni un pensador sistemático sino un poeta que escribe un testimonio de su experiencia de la vida".

360 pp. 10.5 x 18 cm / 2a. ed.

EL FUEGO DE LA ESPECIE / Noé Jitrik

Los estudios que reúne este libro consideran aspectos precisos de la obra de seis escritores destacados en la historia de la literatura argentina: Esteban Echeverría, José Hernández, Roberto J. Payró, Macedonio Fernández, Julio Cortázar y Jorge Luis Borges.

192 pp. 10.5 x 18 cm / [Siglo XXI Argentina]

LECTURA POLÍTICA DE LA NOVELA / Jacques Leenhardt

Explica las estructuras formales y de contenido de la novela contemporánea, así como sus implicaciones ideológicas y sus funciones de clase, a través del análisis de la novela de Alain Robbe-Grillet, La celosía.

256 pp. 10.5 x 18 cm

ANÁLISIS ESTRUCTURAL DE LA NOVELA / Narciso Pizarro

Ensayo dividido en dos partes fundamentales: la primera es una reflexión surgida de la sociología de la novela de L. Goldmann; en la segunda se encaran los problemas distintos que la semiología y otras disciplinas provocan en la reflexión sociológica.

188 pp. 10.5 x 18 cm / [Nueva ed. en preparación]

EL PROBLEMA DE LA LENGUA POÉTICA / Iuri Tinianov

El tema no es la "poesía como generalización abstracta, sino la escritura en versos como contrapuesta a la escritura en prosa". El objeto verdadero, absoluto de su investigación es por ello el verso como tal, en cuanto significante y significado.

Traducción de Ana Luisa Poljak /
136 pp. 13.5 x 21 cm / [Siglo XXI Argentina]

LAS PALABRAS DE LA TRIBU / José Ángel Valente

Se abordan algunos problemas típicos del contexto cultural contemporáneo, como el enfrentamiento entre ideología y literatura o entre el discurso institucional y la palabra poética. Se examina también el desarrollo de la tradición española del medio siglo y la significación de ciertas figuras centrales de la poesía europea.

328 pp. 10.5 x 18 cm / [Siglo XXI de España]

ANTONIO MACHADO / José María Valverde

Estudio literario más que biografía personal, este libro ayuda a leer o a releer a Antonio Machado. La poética del maestro, abierta a una continua evolución hasta convertirse en transmisora transparente y popular de lo real, supera el subjetivismo individualista decimonónico para reflexionar sobre los grandes temas que se le plantean al poeta-pensante.

320 pp. 10.5 x 18 cm / 2a. ed.

AMÉRICA LATINA EN SUS ARTES / Damián Bayón, relator

Colaboran: Antonio R. Romera, Jorge Alberto Manrique, Adelaida de Juan, Fermín Fevre, Damián Bayón, Ángel Kalenberg, Jorge Romero Brest, Filoteo Samaniego, Mario Barata, Juan García Ponce, Francisco Stastny, Saúl Yurkievich, Edmundo Desnoes y Jorge Enrique Adoum.

256 pp. 15.5 x 23 cm

AMÉRICA LATINA EN SU LITERATURA / César Fernández Moreno, coordinador, y Julio Ortega, relator

Colaboran: Rubén Bareiro Saguier, Antonio Houaiss, George Robert Coulthard, José Luis Martínez, Estuardo Núñez, Hernando Valencia Goelkel, Emir Rodríguez Monegal, Severo Sarduy, Ramón Xirau, Jorge Enrique Adoum, Noé Jitrik, Fernando Alegría, Guillermo Sucre, Haroldo de Campos, Juan José Saer, Roberto Fernández Retamar, António Cândido, Mario Benedetti, José Guilherme Merquior, José Antonio Portuondo, Adolfo Prieto, José Miguel Oviedo, Augusto Tamayo Vargas y José Lezama Lima.

512 pp. 15.5 x 23 cm / 3a. ed.

AMÉRICA LATINA EN SU ARQUITECTURA / Roberto Segre, relator

Colaboran: Darcy Ribeiro, Jorge E. Hardoy, Diego Robles Rivas, Roberto Segre, Francisco Bullrich, Graziano Gasparini, Max Cetto, Ramón Vargas Salguero, Rafael López Rangel, Germán Samper Gnecco, Gui Bonsiepe, Enrico Tedeschi, Emilio Escobar Loret de Mola.

336 pp. 15.5 x 23 cm